高校体育育人的理论基础
与实践研究

吴　飞◎著

吉林人民出版社

图书在版编目（CIP）数据

高校体育育人的理论基础与实践研究/ 吴飞著.
长春:吉林人民出版社,2024.5. -- ISBN 978-7-206
-21148-5

I.G807.4

中国国家版本馆CIP数据核字第2024V7R972号

高校体育育人的理论基础与实践研究
GAOXIAO TIYU YUREN DE LILUN JICHU YU SHIJIAN YANJIU

著　　者：吴　飞
责任编辑：衣　兵　　　　　　　　　封面设计：雅硕图文
出版发行：吉林人民出版社（长春市人民大街7548号　邮政编码：130022）
印　　刷：河北文盛印刷有限公司
开　　本：700mm×1000mm　　　　　1/16
印　　张：10.5　　　　　　　　　　字　　数：160千字
标准书号：ISBN 978-7-206-21148-5
版　　次：2024年5月第1版　　　　　印　　次：2025年1月第1次印刷
定　　价：68.00元

如发现印装质量问题，影响阅读，请与出版社联系调换。

目　　录

第一章 绪论

第一节 问题的提出

当前我国社会对人才的需求发生了深刻的变化，高校教育也面临着前所未有的挑战与机遇。体育作为高校教育的重要组成部分，其育人功能日益受到重视。然而，在传统教育观念的影响下，高校体育教育往往被边缘化，其育人价值未能得到充分发挥。因此，如何重新审视高校体育教育的地位和作用，构建符合时代要求的体育育人体系，成为当前高校体育教育改革的重要议题。

当前我国社会对人才的需求呈现出多元化、全面化的特点，不仅要求学生具备扎实的专业知识，还要求他们拥有健康的体魄、良好的心理素质和团队合作精神等。这些素质的培养与提升，离不开体育教育的全面参与。体育教育不仅能够锻炼学生的身体，增强学生的体质，还能在运动中培养学生的意志品质、团队协作能力和创新精神，从而全面提升学生的综合素质。

然而，当前的高校体育教育存在许多问题，如课程目标单一、教学内容陈旧、教学方法落后等，这些问题严重制约了高校体育教育的育人效果。此外，部分高校对体育教育的重视程度不够，体育设施建设滞后，师资力量薄弱，进一步削弱了体育教育的育人功能。因此，推进高校体育教育改革，构建高校体育育人体系，成为当前高校体育教育发展的迫切需求。

高校体育教育应树立"健康第一"的教育理念，将体育教育与德育、智育、美育等相结合，形成全面育人的教育格局。高校体育教育应关注学生的个体差异和需求，注重培养学生的运动兴趣和习惯，使他们在运动中享受乐趣、增强体质、健全人格、锤炼意志。此外，高校体育教育还应创新教学方法，引入现代科技手段和信息化教学资源，提高教学效果和育人质量。

综上所述，高校体育育人的理论基础与实践研究具有重要的现实意义和时代价值。通过对高校体育教育的深入剖析和反思，我们可以更加清晰地认识到体育教育的育人功能和价值所在，从而为构建高校体育育人体系提供有力的理论支撑和实践指导。同时，这一研究也有助于推动高校教育改革的深入发展，培养更多符合时代要求的高素质人才。

在此基础上，我们需要进一步探讨高校体育育人的理论基础，明确体育在高等教育中的定位和作用，以及如何与德育、智育、美育等相互融合、相互促进。同时，我们还需要深入研究高校体育育人的实践路径和方法，包括课程设置、教学内容、教学方法、评价体系等方面的改革与创新。此外，如何加强师资队伍建设、改善体育设施条件、营造良好的校园体育文化氛围等也是我们需要关注的重要问题。

通过全面、系统地研究高校体育育人的理论基础与实践策略，我们可以为高校体育教育的改革与发展提供有力的理论指导和实践支持，推动高校体育教育实现创新发展，更好地服务于学生的全面成长和国家的现代化建设。

第二节　研究背景和意义

一、研究背景

"五育并举"是高校落实立德树人根本任务的重要举措，学生德智体美劳全面发展是立德树人成效的具体体现。其中，体育作为"五育"的重要组成部分，以独特的优势为高校落实立德树人根本任务和健康第一的教育理念贡献力量，对培养德智体美劳全面发展的社会主义建设者和接班人具有重要作用。因此，根据对调查结果的统计分析，精准把握高校体育育人的现状、全面梳理当前高校体育育人体系中存在的问题和不足、积极探索提升高校体育育人价值的有效路径、科学建构体育育人体系势在必行。

随着社会的进步和教育的发展，体育教育在高校教育体系中的地位日益凸显。高校体育教育不仅要承担传授体育技能、增强学生体质的传统任务，还要肩负起培养学生综合素质、促进学生全面发展的新使命。因此，深入探讨高校体育育人的理论基础与实践路径，对推动高校体育教育改革、提升体育教育质量具有重要意义。

（一）对高校体育教育的新要求

当前我国高校体育教育正面临着前所未有的机遇与挑战。随着社会的进步和科技的发展，传统的体育教育模式已经难以满足当代学生的多元化需求。因此，高校体育教育必须与时俱进，积极创新，以更好地适应社会的发展要求。

首先，要求高校体育教育更加注重培养学生的综合素质。在过去，体育教育往往过于强调技能训练和体能锻炼，忽视了对学生的心理健康、团队协作能力及创新思维的培养。然而，这些非技能性的素质同样重要。高校体育教育应该通过多样化的教学手段和课程内容，全面提升学生的身体素质、心理素质和社会适应能力，培养出既有健康体魄，又有健全人格的复合型人才。

其次，要求高校体育教育更加注重个性化教学。每个学生都是独一无二的个体，他们有着不同的兴趣、特长和发展需求。因此，高校体育教育应该摒弃"一刀切"的教学模式，转而采用更加灵活、个性化的教学方法。通过了解学生的个体差异，制订有针对性的教学计划，让每个学生都能在体育课程中找到自己的定位，实现个性化的发展。

再次，要求高校体育教育更加注重与社会的连接。体育不只是一项个人活动，更是一种社会现象和文化载体。高校体育教育应该打破校园的围墙，积极与社会各界建立联系，引入更多的社会资源和实践机会，通过组织校际比赛、社区体育活动、志愿服务等，让学生更好地了解社会、服务社会，培养他们的社会责任感和公民意识。

最后，要求高校体育教育更加注重科技的应用。随着科技的发展，越来越多的高科技产品和手段被应用到体育教育中。高校体育教育应该积极拥抱科技，利用大数据、人工智能等技术手段，对学生的学习情况、体能状况进行精准分析，为教学提供更加科学、有效的支持。同时，也可以利用虚拟现实、增强现实等技术，创设更加生动、有趣的教学情境，激发学生的学习兴趣和积极性。

总之，这些要求不仅涉及教学理念、教学方法的变革，还涉及教育目标、教育内容的创新。只有不断适应这些发展要求，高校体育教育才能培养出更多符合社会需求的优秀人才，为国家的繁荣发展做出更大的贡献。因此，我们必须以更加开放的心态、更加务实的作风、更加创新的精神推动高校体育教育的改革与发展，迎接新的挑战与机遇。

（二）高校体育教育改革的必然趋势

高校体育教育改革的必然趋势是在社会变革、科技进步和教育理念更新的共同推动下，逐步走向全面深化和系统化的过程。这一趋势不只是体育教育自身的内在需求，更是适应人才培养目标和社会发展的必然要求。

首先，高校体育教育改革的必然趋势是课程体系的重构。传统的体育课程体系往往过于注重技能训练，忽视了学生的全面发展。改革后的课程体系将更加注重学生的身心健康、运动技能、体育文化和体育素养的综合培养，构建起科学、全面、有特色的体育课程新体系。这将有助于培养学生的终身体育意识和能力，提高他们的综合素质和社会适应能力。

其次，高校体育教育改革的必然趋势是教学方法的创新。随着科技的发展，多媒体、互联网、人工智能等新技术为体育教学提供了更加丰富多样的手段和工具。高校体育教育应积极引入这些新技术，创新教学方法，实现线上线下相结合的教学模式，提高学生的学习兴趣和教学效果。同时，还应注重学生的个体差异，实施个性化教学，让每个学生都能在体育学习中获得成长和进步。

再次，高校体育教育改革的必然趋势是加强体育师资队伍建设。教师是教育改革的主体和关键。高校应加大对体育教师的培训和引进力度，提高他们的专业素养和教学能力。同时，还应建立起科学、合理的教师评价体系，激发教师的积极性和创造力，为体育教育改革提供有力的人才保障。

从次，高校体育教育改革的必然趋势还包括加强体育设施建设和管理、加强与社会的联系与合作等方面。高校应加大对体育设施的投入，改善体育教学条件，为学生提供更加优质、安全的运动环境。同时，还应积极地与社会各界建立联系，引入更多的社会资源和实践机会，提高学生的社会适应能力和实践能力。

最后，高校体育教育改革的必然趋势是建立起科学、全面的评价体系。传统的体育评价体系往往过于注重技能成绩和体能测试，忽视了对学生的学习过程、进步幅度和综合素质的评价。改革后的评价体系将更加注重学生的全面发展，实施多元化、过程性评价，真实地反映学生的学习情况和进步程度，为他们的进一步发展提供科学的指导和支持。

总之，高校体育教育改革的必然趋势是全面深化和系统化的改革，涉及课程体系、教学方法、师资队伍、设施建设、社会联系和评价体系等多个方面。这一趋势不仅有助于提升高校体育教育的质量和水平，还适应了人才培养目标和社会发展的必然要求。因此，我们必须以更加开放的心态、更加务实的作风和更加创新的精神，推动高校体育教育的改革与发展，为培养更多优秀的体育人才做出更大的贡献。

二、研究意义

本书旨在深入探讨高校体育育人的理论基础与实践路径，具有以下三个重要意义。

（一）有助于丰富和发展高校体育教育理论体系，为高校体育教育改革提供理论支撑

为了更好地适应和满足社会对人才的需求，高校体育教育亟须改革与创新。这其中，理论体系的丰富和发展显得尤为关键。深入研究高校体育教育的理论基础与实践，不仅有助于我们更全面地认识体育教育的价值和功能，而且能够为高校体育教育改革提供坚实的理论支撑。

传统的体育教育理论体系在很大程度上侧重于技能传授和体能训练，对体育教育在心理健康、社会适应、人格塑造等方面的作用认识不足。而高校体育教育要求我们不仅要关注学生的身体健康，还要关心学生的心理健康和社会适应能力；要求我们必须对传统的体育教育理论体系进行深入的反思和重构，以适应人才培养的新要求。

通过深入研究和探索，我们可以更加清晰地认识到，体育教育不仅是一门技能课程，还是一门育人课程。它在培养学生的团队协作、竞争意识、创

新思维、抗挫能力等方面具有独特的优势和作用。因此，丰富和发展高校体育教育理论体系，就要充分挖掘和发挥体育教育的育人功能，使其真正成为高校人才培养体系中不可或缺的重要组成部分。

同时，高校体育教育改革需要强大的理论支撑。改革不是盲目地试错，而是在科学理论指导下的有序推进。只有建立起完善、系统、科学的体育教育理论体系，我们才能够明确改革的方向和目标，制订出切实可行的改革方案。否则，改革就可能陷入盲目和混乱，不仅无法实现预期的目标，还可能对现有的教育体系造成破坏。

因此，我们必须高度重视高校体育教育理论体系的丰富和发展工作，不断学习新的教育理念和教学方法，积极借鉴国内外先进的体育教育经验，深入研究体育教育的本质和规律，不断创新和完善体育教育理论体系。只有这样，才能够为高校体育教育改革提供坚实的理论支撑，推动高校体育教育不断向前发展。

（二）有助于推动高校体育教育实践创新，提升体育教育质量和学生综合素质

高校体育教育实践创新不仅是提升体育教育质量的必由之路，还是培养学生综合素质的重要环节。通过体育教育实践创新，我们可以打破传统教育模式的束缚，探索更加符合时代需求和学生特点的教育方式，从而推动高校体育教育不断向前发展。

体育教育实践创新有助于激发学生的学习兴趣和积极性。传统的体育教育方式往往过于注重技能训练和体能锻炼，忽视了学生的兴趣和需求。而通过创新实践，我们可以引入更多样化的教学内容和教学手段，如体育游戏、体育舞蹈、户外运动等，让学生在轻松愉悦的氛围中参与体育活动，享受运动带来的乐趣，从而激发他们的学习兴趣和积极性。这种以学生为主体的教学方式，不仅能够提高学生的学习效果，还能够培养他们的自主学习能力和终身体育意识。

体育教育实践创新有助于培养学生的综合素质。社会对人才的要求越来越高，除了专业技能，还需要具备良好的身心素质、团队协作能力、创新意识等。通过体育教育实践创新，我们可以更加注重学生的全面发展，将体育教育与其他学科教育相结合，形成跨学科的教育模式。例如，可以与心理学、社会学等学科合作，开展心理健康教育、社会适应能力培养等课程，让学生在体育活动中不仅能够锻炼身体，还能够提升心理素质和社会适应能力。这种综合性的教育方式，有助于培养学生的综合素质，使他们更好地适应社会的发展需求。

体育教育实践创新还有助于提升体育教育质量。创新是教育发展的动力源泉，只有通过不断创新，我们才能够解决教育过程中遇到的问题和挑战。在体育教育领域，创新实践可以推动教学方法、教学手段、教学评价的全面升级。例如，可以利用现代科技手段，如虚拟现实、人工智能等，创设更加生动逼真的教学情境，让学生在模拟实战中提升技能水平；可以采用过程性评价和多元评价体系，全面反映学生的学习情况和进步程度，为教学提供更加科学的反馈和指导。这些创新实践不仅能够提升体育教育的针对性和实效性，还能够为体育教育质量的持续提升提供有力保障。

（三）有助于促进高校体育教育与其他教育领域的融合发展，为培养高素质人才贡献力量

高校体育教育与其他教育领域的融合发展，不仅成为高校体育教育创新的重要途径，还为培养新时代高素质人才贡献了不可或缺的力量。这种融合发展的理念和实践，打破了传统教育领域的界限，推动了教育资源的优化配置和共享，为培养具备全面素质和能力的体育人才奠定了坚实基础。

首先，高校体育教育与其他教育领域的融合发展体现在课程体系的整合上。传统的课程体系往往各自为政，缺乏有效的衔接和融合。而如今，通过将体育教育与其他学科，如心理学、社会学、艺术学等相结合，形成了跨学科、综合性的课程体系。这种课程体系不仅丰富了教学内容，还提高了学生的学习兴趣和参与度，有助于培养他们的综合素质和创新能力。

其次，高校体育教育与其他教育领域的融合发展体现在教学方法的创新上。高校体育教育积极引入其他教育领域的先进教学方法，如项目式学习、情境教学、合作学习等，使体育教学更加生动、有趣和有效。同时，借助现代科技手段，如虚拟现实、人工智能等，为学生提供了更加真实、丰富的运动体验和学习环境。这些创新不仅提升了体育教育的质量，还培养了学生的自主学习能力、团队协作精神和创新意识。

最后，高校体育教育与其他教育领域的融合发展还体现在师资队伍的建设上。通过加强体育教师与其他学科教师的交流与合作，提高了教师的专业素养和教学能力。同时，积极引进其他领域的优秀人才参与到体育教育工作中来，为体育教育注入了新的活力和创意。这些举措不仅优化了师资队伍结构，还提升了整体教学质量和水平。

融合发展的高校体育教育还有助于培养学生的社会责任感和公民意识。通过参与各种社会公益活动、志愿服务等，学生能够将所学的体育知识和技能应用到实践中，为社会做出贡献。同时，这种融合教育也让学生更加关注社会问题，培养他们的社会责任感和公民意识，为他们成为的高素质人才奠定了坚实的基础。

第三节　研究现状

目前，高校体育教育在人才培养中的地位和作用日益凸显。为了更好地适应社会发展对人才的需求，高校体育教育需要不断创新和改革。因此，对高校体育育人的理论基础与实践进行深入研究，具有重要的现实意义和理论价值。本节将重点梳理和分析当前国内关于高校体育育人的研究现状，为后续研究提供参考和借鉴。

一、研究现状分析

近年来，国内学者对高校体育育人的研究逐渐增多，涉及理论探讨、实践探索及政策研究等多个方面。在理论方面，学者主要从教育学、体育学、心理学等多学科视角出发，探讨高校体育育人的目标、内容、方法等问题。例如，有学者提出，高校体育育人应以培养学生的体育核心素养为目标，注重学生的全面发展；还有学者强调，高校体育教育应关注学生的个性化需求，实施差异化教学。在实践方面，国内高校纷纷开展体育课程改革、教学模式创新等实践活动，且已经取得了一定的成效。例如，部分高校通过引入俱乐部制、选项课制等教学模式，激发了学生的体育兴趣，提高了学生的体育参与度。在政策方面，国家相继出台了各种政策文件，为高校体育育人提供了政策支持和保障。

（一）体育育人相关研究

1. 体育育人的功能

有学者提出了育人、育体和个体社会发展三个方面的功能，促进学生身体素质的全面发展、良好思想品德的培育、健康第一思想的养成，促进学生的社会化发展。例如，魏云贵、谭明义（2001）从"育体"和"育心"两方面对学校体育的育人功能进行分析，提出了体育对学生身体素质提高、良好思想品德的培育、心理素质的提升等的积极作用。齐栋、李桂娟（1999）在健康第一思想指导下对学校体育的功能进行分析，提出了育体、育心和个体社会发展的功能、地位与作用，提出了体育是培养全面发展的人的重要手段。

2. 体育育人的实施路径

关于体育育人的实施路径，学者们基本从教师、教学、学生和管理四个方面进行论述。许宜扬、谢陶（1997）从体育教学育人的方法途径入手，提出了心理疏导法、典型榜样法、竞赛评比法和表扬批评法；在体育教学育人实施过程中，提出了课堂常规的建立与执行、结合教材特点和组织教法。王文（1998）从体育文化环境育人角度出发，提出了树立体育文化育人的理念、发挥教师和学生的作用及校园基础设施建设等途径。陈兵（2009）从体育教学隐性育人功能入手，提出了教师对发挥体育教学隐性育人功能的重要性。

（二）关于学校体育育人

学术界对高校体育育人的研究相对成熟，主要从社会学、心理学视角，通过质性和量化研究方法，对体育育人与体育道德进行阐述，较全面地概括了体育育人的内涵与外延。

（三）关于体育教学中的德育研究

段保国（2011）提出在体育游戏教学中培养学生的意志品质，在队列训练中培养学生的组织纪律性，在耐力跑教学中培养学生的毅力，在体育竞赛活动中培养学生的道德情操，在大班和课余训练中培养学生的运动习惯。秦海生（2013）认为体育教学中的德育是挖掘体育教学的隐性和可持续性功能，并提出将体育教学的特点、学生自身的特点和需求、教材内容、教师自身因素等影响因素渗透到德育中。王彤（2012）对高校体育教学的德育价值进行了详细分析，认为高校体育德育具有心理调适、行为约束、审美修养和思想道德修养的价值。徐山（2014）认为，在实施"全面发展"的教育目标时，体育的作用不容忽视。体育是学校德育教育的重要科目之一，对学生的身心发展尤为重要。王勇（2015）认为，体育教学中的德育主要体现在体育教学的目标、特点和过程中，提出要树立教师的榜样作用、选择适合的教学方法和用具、充分利用体育教学的特点等观点。孙辉（2016）从理性思维的角度分析了高校体育教学中德育渗透出现的问题，并提出了参考策略。首先，将"以德育人"这一根本问题渗透到高校体育教学中，阐述了"以德育人"与体育教学能促进学生的全面发展。其次，强调高校体育承担着培养人格和促进全面发展的社会任务，应该充分体现体育的德育目标、任务和价值。彭蕾（2016）分析了学校体育中的德育理论，并提出了实施路径：加强学校硬件基础设施建设，让学生自主参与，培养体育兴趣；建立健全相关体育制度，提供制度保障，促进高校体育组织建设；加强师资队伍力量，提供人才保障机制；加强管理、评价、监督机制等一系列具体路径。于朝阳、李思敏（2016）认为，体育运动是身体、意志、智慧、精神的融合体，是综合性教育，是提高学生道德水平的重要手段，对促进综合素养的提升具有不可替代的作用。

（四）高校体育竞赛体系

学者朱桂林、何志林（2008）认为，我国高校竞技体育竞赛体系是由若干互相联系和制约的要素有机构成的，围绕竞赛目标，在我国高校间开展一系列单个或若干个竞技体育项目的竞赛活动，是呈现一定功能的有机整体。学者李威（2018）、薛明（2014）认为，校园体育赛事体系是经多年发展形成的各种形式的校园体育赛事相互联系、制约并具有特定功能结构的竞赛体系。

二、研究评述与展望

通过对国内关于高校体育育人的研究现状进行梳理和分析可以发现，当前研究已经取得了一定的成果和进展。然而，仍存在一些问题和不足之处，需要进一步探讨和解决。首先，在理论研究方面需要加强跨学科整合和创新力度，以形成更加完善的理论体系；其次，在实践探索方面需要注重多元化和个性化发展，以满足不同学生的需求；最后，在政策支持方面需要加大投入力度并提高执行效率，以确保政策落实到位并取得实效。

随着科技的不断进步和教育理念的不断更新，高校体育教育将呈现出更加多元化、智能化的发展趋势。因此，未来研究应关注以下三个方面：一是如何利用现代科技手段提升高校体育教育的质量和效率；二是如何构建更加科学、全面、客观的高校体育育人评价体系；三是如何加强国内外高校之间的交流与合作，共同推动高校体育教育事业的发展与进步。

第四节 研究内容与目标

在当前背景下，高校体育教育被赋予了新的历史使命，不仅要传授体育技能，还要关注学生的全面发展，培养学生的体育精神和综合素养。深入探讨高校体育育人的理论基础与实践路径，能够为高校体育教育改革提供有益参考。本节将详细阐述研究的主要内容与目标。

一、研究内容

（一）高校体育育人的理论基础研究

对高校体育育人的理论基础进行深入剖析。通过梳理国内外相关研究成果，结合教育理念和人才培养要求，本书将从教育学、体育学、心理学等多学科视角出发，构建高校体育育人的理论体系。具体而言，将重点研究以下几个方面。

首先，高校体育育人的价值取向与目标定位。深入探讨高校体育育人的价值取向，明确其目标定位，即培养具有体育精神、健康素养和创新能力的青年。

其次，高校体育育人的内容体系与课程设置。针对当前高校体育课程内容单一、陈旧的问题，系统梳理体育课程的内容体系，提出符合要求的体育课程设置方案，注重课程内容的多元化和个性化。

最后，高校体育育人的教学方法与手段创新。关注教学方法与手段的创新，探索如何将现代教育技术、智能化设备等应用到高校体育教学实践中，以提高教学效果和学生的学习兴趣。

（二）高校体育育人的实践路径研究

在理论基础研究的基础上，进一步探索高校体育育人的实践路径。具体而言，将关注以下几个方面。

首先，高校体育教学模式的创新与改革。分析当前高校体育教学模式的优缺点，提出符合要求的教学模式改革方案，如俱乐部制、选项课制等，以满足学生的个性化需求，提高教学质量。

其次，高校体育师资队伍的建设与培养。针对当前高校体育教师队伍存在的问题，如师资结构不合理、专业素养不高等，提出加强师资队伍建设的措施和建议，如加大引进力度、加强在职培训等，以提高教师的专业素养和教学能力。

最后，高校体育教育与社会需求的对接与融合。关注高校体育教育与社会需求的对接问题，探索如何将体育教育与社会实践相结合，培养学生的社会适应能力和创新能力。同时，还将研究高校体育教育与其他教育领域的融合发展问题，以推动高校体育教育的整体进步。

二、研究目标

总体目标是构建高校体育育人的理论体系和实践路径，推动高校体育教育改革和发展。具体而言，将实现以下三个目标。

（一）构建符合要求的高校体育育人理论体系

通过深入研究和分析，构建一套科学、系统、全面的高校体育育人理论体系，为高校体育教育改革提供理论支撑和指导。

（二）探索高校体育育人的有效实践路径

在理论研究的基础上，结合实际情况，探索符合要求的高校体育育人实践路径，为高校体育教学实践提供有益的参考和借鉴。

（三）提高高校体育教育的质量和效果

本研究将力求提高高校体育教育的质量和效果，通过创新教学模式、优化课程设置、加强师资队伍建设等措施的实施，培养出更多具有体育精神和综合素养的青年。

围绕高校体育育人的理论基础与实践路径展开深入研究。通过构建科学、系统、全面的理论体系和实践路径，推动高校体育教育改革和发展，为培养高素质人才贡献力量。同时，也希望本研究能够引起更多学者和教育工作者的关注和重视，共同推动高校体育教育事业的发展与进步。

第五节　研究方法

研究方法是科学研究的基石，它决定了研究过程的科学性、结果的准确性和结论的可靠性，因此采用科学、合理的研究方法至关重要。本节将详细阐述研究过程中采用的研究方法及选择依据，以确保研究的严谨性和有效性。

一、文献研究法

文献研究法是本研究的基础方法。通过广泛查阅国内外相关文献，包括政策文件、学术论文、专著、报告等，系统梳理高校体育育人的理论基础和实践经验。具体而言，将利用图书馆、中国知网、维普资讯网等学术资源平台，以"高校体育""体育育人"等关键词进行检索，获取相关文献资料。通过对文献资料的深入阅读和分析，了解国内外研究现状和发展趋势，为研究提供理论支撑和参考依据。

二、调查研究法

为了深入了解高校体育育人的实际情况，采用调查研究法。具体而言，就是设计问卷和访谈提纲，选取不同类型、不同层次的高校作为调查对象，进行问卷调查和实地访谈。问卷调查将覆盖高校体育教师、学生和管理人员，以获取他们对高校体育育人现状、问题及其原因的看法和建议。实地访谈将邀请部分高校体育教育的专家学者、优秀教师和学生代表进行深入交流，获取更丰富、更真实的一手资料。

三、案例研究法

案例研究法对深入挖掘高校体育育人的实践经验和典型案例具有重要意义。选取若干所高校作为案例研究对象，这些高校在体育育人方面已取得显著成效或具有代表性。通过对这些高校的体育课程设置、教学模式、师资队伍、评价体系等方面进行深入剖析，总结提炼其成功的经验和做法，为其他高校提供借鉴和参考。同时，还将关注这些高校在体育育人过程中面临的挑战和问题，分析其原因并提出改进建议。

四、比较研究法

比较研究法有助于揭示不同高校在体育育人方面的差异和共性。运用比较研究法，对国内外不同类型、不同层次的高校进行横向和纵向比较。横向比较关注同一时期不同高校在体育育人理念、目标、内容、方法等方面的异同；纵向比较则关注同一所高校在不同时期体育育人的发展历程和变化趋势。通过比较研究，可以发现高校体育育人的普遍规律和特殊现象，为构建高校体育育人的理论体系和实践路径提供有益启示。

五、研究方法的综合应用

综合运用文献研究法、调查研究法、案例研究法、比较研究法和数理统计法等多种研究方法。各种方法相互补充、相互验证，以确保研究的全面性、准确性和深入性。同时，还将根据研究进度和实际情况灵活调整研究方法的应用策略，以适应高校体育育人研究的复杂性和多变性。

深入探讨高校体育育人的理论基础与实践路径。同时，还将根据研究进度和实际情况灵活调整研究方法的应用策略，以确保研究的科学性、有效性和创新性。

第六节　本章小结

在深入探索高校体育育人的理论基础与实践研究的开篇之际，本章对研究的整体框架、研究现状、研究内容与目标及研究方法进行了全面而细致的阐述。通过对国内相关研究的梳理与分析，我们能够发现，高校体育育人不仅肩负着传授体育技能的使命，还关注学生的全面发展，培养其体育精神和综合素养。针对当前高校体育教育中存在的问题和挑战，明确了研究的必要性和紧迫性，旨在为高校体育教育改革提供有益参考。在研究内容上，笔者致力于构建高校体育育人的理论体系，并探索其实践路径，以期推动高校体育教育的创新发展。为实现这一目标，笔者确定了具体的研究方法和策略，包括文献研究法、调查研究法、案例研究法、比较研究法及数理统计法等多种方法。通过这些方法，笔者将系统地收集和分析数据，深入挖掘高校体育育人的内在规律和成功经验。研究的意义不仅在于丰富和完善高校体育教育的理论体系，还在于指导实践，提升高校体育教育的质量和效果，为培养的高素质人才贡献力量。展望未来，笔者坚信，随着研究的深入和实践的推进，高校体育育人将不断焕发出新的生机与活力，为培养德智体美劳全面发展的社会主义建设者和接班人发挥更加重要的作用。

同时，我们必须清醒地认识到，高校体育育人的研究与实践是一项长期而艰巨的任务，需要广大教育工作者、学者和社会各界的共同努力与支持。在这个过程中，我们将不断面临新的挑战和问题，需要以更加开放的心态、更加务实的作风和更加创新的精神去迎接和解决。笔者期待与更多的同仁携手合作，共同推动高校体育育人的研究与实践不断向前发展，为教育事业和人才培养贡献我们的智慧和力量。

　　此外，笔者也希望通过本研究的开展与实施，引起更多人对高校体育教育的关注与重视，促使更多的人参与到高校体育育人的研究与实践中来。笔者坚信，只有大家齐心协力、共同奋斗，才能推动高校体育育人事业不断取得新的突破和成就。在这个过程中，笔者也期待与各位读者朋友共同分享研究成果和心得体会，共同为推动高校体育育人的发展贡献力量。

　　通过对高校体育育人的理论基础与实践研究进行整体概述，我们不仅对研究的背景、意义、现状和目标有了更加清晰的认识，同时也对研究的方法和策略有了更加明确的把握，这一切都为我们深入开展研究工作奠定了坚实的基础。在接下来的章节中，我们将围绕这些核心问题展开更加深入细致的探讨和分析，以期为高校体育育人的理论与实践研究贡献绵薄之力。

第二章 高校体育育人概述

第一节 高校体育育人的概念界定

目前，我国的高校体育教育被赋予了新的内涵和使命，其中"高校体育育人"这一概念逐渐受到广泛关注和重视。为了更好地理解和研究这一概念，本研究将从多个维度对其进行全面、深入的界定。

首先，从教育的本质出发，高校体育育人是指通过体育教育活动，促进学生的全面发展，实现教育目标的过程。这里所说的全面发展，不仅包括学生的身体健康，还包括心理素质、社会适应能力、团队合作精神等多个方面。因此，高校体育育人是一种全面性的教育过程，它关注学生的全面成长，而非仅仅局限于体育技能或体质的提升。

其次，从高校教育的特点来看，高校体育育人具有阶段性和专业性。高校阶段是学生身心发展的关键时期，也是知识体系和价值观念形成的重要阶段。在这一阶段，体育教育不仅要传授专业的体育知识和技能，还要通过体育实践活动，培养学生的意志力、创新精神、竞争意识等，为他们未来的职业生涯和社会生活打下坚实的基础。同时，高校体育育人还应根据不同专业的特点和需求，进行有针对性的设计和实施，以更好地服务于学生的专业发展。

再次，从育人的目标来看，高校体育育人旨在培养具有体育精神的高素质人才。这里所说的体育精神，包括积极参与、公平竞争、团队协作、尊重规则等多个方面。通过体育教育，学生可以学会如何在竞争中保持公正和诚信，如何在团队中发挥自己的优势和特长，如何在困难和挑战面前保持坚韧不拔的精神。这些品质不仅对学生个人的成长和发展具有重要意义，也对社会的和谐与进步具有积极的推动作用。

最后，从实践的角度来看，高校体育育人需要通过丰富多样的体育活动和课程来实现其目标。这些活动和课程不仅包括传统的体育教学和训练，还包括课外体育锻炼、体育竞赛、体育文化交流等多种形式。通过这些实践活动，学生可以亲身感受体育的魅力和价值，激发对体育的兴趣，从而在积极参与的过程中实现自我提升和超越。

综上所述，本研究认为高校体育育人是指以体育教育为载体和途径，通过丰富多样的实践活动和课程设计，促进学生全面发展、培养具有体育精神的高素质人才的教育过程。这一概念既强调了体育教育的全面性、阶段性和专业性特点，又突出了育人目标和实践要求的重要性。在此基础上，我们可以进一步探讨和研究高校体育育人的理论基础和实践路径等相关问题。

同时需要强调的是，高校体育育人的概念并非一成不变的，而是随着社会的发展和教育的改革而不断丰富和深化的。在未来的研究中，我们需要紧密关注社会的变化和教育的需求，对高校体育育人的概念进行持续的反思和更新，以确保其始终与时俱进、符合实际的需要。

高校体育育人是一个系统工程，需要学校、教师、学生及社会各界的共同努力和支持。只有全面、深入地理解和把握这一概念的内涵和要求，才能更好地推进高校体育育人的理论和实践研究，为我国的教育事业和人才培养贡献智慧和力量。

第二节　高校体育育人的育人体系

一、概念与内涵

在"育人体系"的界定中，"育人"在这里是作为修饰词出现的，是体系形成的最终目的，通过知识传授、能力培养、价值观等思想的相互作用，最终构成人才培养体系，即"育人体系"。在高等院校中，应积极调动一切育人元素，并将这些元素聚集—整合—分类—梳理—优化，科学地分析各要素间的关系及相互作用，形成科学的育人体系。

二、构建高校体育育人体系的必要性

（一）促进学生的全面发展

体育教育不仅能够锻炼学生的身体，提高他们的运动技能，还能够在精神层面给予学生积极的影响。通过参与体育活动，学生可以培养团队协作、竞争意识、挫折承受能力等非技能性素质，实现全面发展。

（二）提升教育质量

体育教育是高校教育的重要组成部分，其教育质量直接关系到整体教育水平。构建完善的体育育人体系，可以确保体育教育的系统性、科学性和有效性，从而提升整体教育质量。

（三）适应社会发展需求

随着社会的进步和发展，社会对人才的要求也在不断提高。除了专业技能，良好的身心素质、团队协作能力、创新意识等也成为衡量人才的重要标准。构建高校体育育人体系，有助于培养符合社会发展需求的高素质人才。

三、高校体育育人体系的构建策略

（一）完善课程体系

以学生的需求和社会的发展为导向，优化体育课程设置，增加选修课程的种类，满足不同学生的兴趣和需求。同时，注重课程内容的更新和拓展，引入新兴的体育项目和健身方法，保持体育教育的时代性和前瞻性。

（二）创新教学方法

改变传统的以教师为中心的教学模式，引入以学生为主体的教学方法，如合作学习、探究学习等。利用现代科技手段，如虚拟现实、人工智能等辅助教学，提高教学效果和学生的学习兴趣。同时，注重实践教学和课外锻炼的结合，让学生在实践中掌握技能、提升素质。

（三）加强师资队伍建设

提高体育教师的专业素养和教学能力是关键。通过定期培训和学术交流活动，更新教师的教育理念和教学方法；引进高水平运动员和教练参与体育教学工作；鼓励教师开展科研活动，提升学术水平和实践能力。

（四）强化课外体育活动

课外体育活动是体育育人的重要途径之一。通过组织丰富多彩的课外体育活动和竞赛，激发学生的运动热情，培养他们的团队协作和竞争意识。同时，加强体育社团的建设和管理，为学生提供更多展示自我、锻炼能力的平台。

（五）营造体育文化氛围

校园文化对学生的影响是潜移默化的。通过举办体育讲座、展览、赛事等活动，普及体育知识，传播体育精神；在校园内设置体育雕塑、标语等文化符号，营造积极向上的体育文化氛围；加强与社会的交流与合作，拓宽学生的视野，丰富学生的经历。

构建高校体育育人体系是一项系统工程，需要多方面的共同努力。通过完善课程体系、创新教学方法、加强师资队伍建设、强化课外体育活动及营造体育文化氛围等策略的实施，可以为学生提供一个更加全面、科学、有效的体育教育环境。随着教育理念的不断更新和科技的不断进步，高校体育育人体系将呈现出更加多元化、个性化的发展趋势。

第三节　高校体育育人的现状分析

随着教育改革的深入推进，高校体育育人面临着新的机遇和挑战。为了全面了解当前高校体育育人的现状，本节将从多个维度进行深入剖析，以期为后续的理论研究和实践创新提供有力支撑。

一、取得的成效与进展

（一）从教育理念的更新来看

体育育人的重要性正在被越来越多的高校所认识。这种转变体现在课程设置和教学计划的调整上，依赖于学校管理层面的重视和支持，不能将体育教育视为单一的运动技能训练，而应将其纳入学校整体教育体系，与德育、智育、美育等相互融合，共同促进学生的全面发展。

高校体育教育的理念正在由"以运动技能为主"向"以人为本"转变。

这意味着体育教育不仅要注重学生的运动技能培养，还要关注学生的身心健康、个性发展和社交能力的培养。在这种理念的指导下，高校体育教育更加注重学生的参与和体验，通过多样化的体育活动和竞赛，让学生在运动中感受到快乐，增强自信心和团队合作精神。同时，高校体育教育也在不断探索与德育、智育、美育等其他教育形式的融合方式。例如，在课程设置上，越来越多的高校开始开设体育文化与艺术、体育心理学等课程，让学生从不同的角度了解体育的内涵和价值。在教学方式上，体育教育更加注重启发式教学和探究式教学，让学生在参与中发现问题、解决问题，培养创新思维和实践能力。此外，高校管理层面对体育教育的重视和支持也是推动体育育人理念转变的重要因素。越来越多的高校将体育教育纳入学校发展规划，加大对体育设施的投入，提高了体育教师的待遇和培训水平，为体育教育的顺利开展提供了有力保障。

（二）从课程设置和教学内容来看

随着社会的快速发展和人们健康意识的提高，高校体育教育逐渐摒弃了传统的"以技能传授为主"的教学模式，开始注重学生的个体差异和兴趣爱好。这一转变不仅体现了教育理念的进步，也更好地满足了学生的多样化需求。在传统的教学模式中，体育教育往往侧重于技能的传授和训练，忽视了学生的个体差异和兴趣爱好的培养。然而，现代教育理念强调学生的全面发展，体育教育也不例外。因此，高校体育教育开始注重学生的个体差异，开设了丰富多样的体育课程和课外活动。这些课程和活动不仅涵盖了传统的球类、田径等项目，还包括了新兴的健身、瑜伽、舞蹈等课程，以满足不同学生的兴趣和需求。除了注重学生的个体差异和兴趣爱好，高校体育教育还开始注重理论与实践的结合。在教学过程中，教师不仅传授体育技能，还注重培养学生的体育素养和综合能力。例如，在体育理论课程中，教师会介绍相关的体育知识、运动原理和健康理念，帮助学生更好地理解运动对身体的影响和作用。同时，在实践课程中，教师会注重培养学生的运动技能、团队协作能力和自我管理能力，提高学生的综合素质。此外，高校体育教育还注重与社会的联系，通过与社区、企业等机构的合作，开展各种形式的体育活动和比赛，让学生更好地了解社会、融入社会。这些活动不仅提高了学生的运动技能，还培养了他们的社会责任感和团队合作精神。

（三）从师资队伍的建设来看

我们可以清晰地看到师资队伍建设的显著进步。这一进步不仅体现在教师数量的增加上，还体现在教师的整体素质和教学水平的显著提升上。这种提升得益于高校对体育教师的引进和培养策略的调整和优化。

首先，高校对体育教师的引进力度明显加大。在过去，体育教师的选拔可能更多地依赖于教学经验或学历背景；而现在，高校更加注重教师的专业能力和发展潜力。这种转变使一批批优秀的体育专业人才得以进入高校，他们不仅拥有扎实的体育专业知识，还具备创新的教学方法和理念。他们的加入，为高校体育教育注入了新的活力，也为学生提供了更加多样化、个性化的学习体验。

其次，高校对体育教师的培养也给予了前所未有的重视。通过定期的培训和考核，教师的业务能力和教育素养得到了不断的提升，这些培训涵盖了体育教学理论、教学方法、课程设计等多个方面，使教师能够不断更新教育观念，提高教学技能。同时，考核机制的引入激发了教师自我提升的动力，他们不仅想要在教学上有所建树，还想要在学术研究、社会服务等方面有所作为。这种全面的培养策略，使高校体育教师的整体素质得到了显著提升。

最后，高校还积极鼓励体育教师参与各种学术交流和研究活动。通过这些活动，教师可以及时了解国内外体育教育的最新动态和趋势，拓宽视野，提高学术素养。同时，这些活动也为教师提供了一个相互学习、交流的平台，有助于他们在教学方法和策略上不断创新，提高教学效果。

（四）从体育设施建设方面来看

近年来，随着国家对教育事业的高度重视和投入力度的不断加大，高校的体育场馆和器材等硬件设施得到了前所未有的改善，为广大学生提供了更加优质的体育学习和锻炼环境。这一变化不仅体现了国家对青少年体质健康的重视，也反映了高校自身在追求全面发展和提升教育品质方面的努力。

首先，国家对教育投入的增加为高校体育设施建设提供了坚实的物质基础。随着教育经费的逐年增长，高校得以将更多的资金用于改善体育设施。如今，许多高校都建设了现代化的体育场馆，如篮球场、足球场、羽毛球馆等，这些场馆不仅设施齐全，而且设计新颖，为学生提供了多样化的运动选择。同时，高校还引进了先进的体育器材，如智能健身器材、VR运动设备等，这些器材不仅提高了学生的运动体验，也激发了他们对体育运动的热情。

其次，高校自身的发展需要也推动了体育设施的改善。随着高校规模的不断扩大和办学水平的不断提升，高校对体育设施的需求也日益增长。为了满足学生的运动需求，提升学校的整体形象，高校纷纷加大对体育设施的投入力度。他们不仅新建了一批体育场馆，还对现有场馆进行了升级改造，使其更加符合现代教育的需求。此外，高校还积极开展体育文化交流活动，如体育节、运动会等，这些活动不仅丰富了学生的课余生活，也提高了学校的知名度。

体育设施的改善为学生提供了更加优质的体育学习和锻炼环境。在这样的环境下，学生可以更加便捷地参与到各种体育活动中，锻炼身体，提高身体素质。同时，优质的体育设施也有助于培养学生的团队协作精神和竞争意识，为他们的全面发展打下坚实的基础。

二、存在的问题与挑战

尽管高校体育育人已经取得了显著的成效和进展，但仍存在一些问题和挑战。

（一）教育理念方面

部分高校仍对体育教育存在偏见和忽视，没有对其给予足够的重视和支持。这种观念的存在严重影响了体育育人的效果和学生的全面发展。

我们需要明确体育教育在高校教育中的重要性。体育教育不只是锻炼学生的身体素质的途径，更是培养学生团队协作能力、竞争意识、挫折承受力等多方面素质的重要途径。通过体育教育，学生可以学会如何在团队中发挥自己的优势，如何面对失败并从中汲取教训，如何在竞争中保持冷静和理智。这些能力和素质的培养，对学生的全面发展具有不可替代的作用。

然而，一些高校对体育教育的忽视，导致体育教育资源投入不足，师资力量薄弱，课程设置单一，甚至存在体育设施不完善等问题。这些问题直接影响了学生参与体育活动的积极性和热情，限制了体育教育在育人方面作用的发挥。

为了改变这种现状，高校应该重新审视体育教育的地位和作用，给予其足够的重视和支持。首先，高校应该增加对体育教育的投入，改善体育设施，提高师资力量，为学生提供更好的体育学习条件。其次，高校应该丰富体育课程设置，满足不同学生的兴趣和需求，让学生在参与体育活动的过程中感受到乐趣和成就感。最后，高校应该加强对体育教育的宣传和推广，提高师生对体育教育的认识和重视程度，形成全校共同参与体育教育的良好氛围。

（二）课程设置和教学内容方面

虽然多样性和个性化的趋势日益明显，但仍存在课程结构单一、内容陈旧等问题。部分高校过于注重竞技体育的教学和训练，忽视了对学生身心健康和社会适应能力等方面的关注与培养。

首先，课程结构的单一性是一个亟待解决的问题。在许多高校中，课程设置仍然沿用传统的模式，缺乏灵活性和多样性。这种固定的课程结构无法满足学生多样化的需求，也无法适应不断变化的社会环境。为了改变这种状况，高校应该引入更多元化的课程，如跨学科课程、实践课程和创新课程等，以激发学生的学习兴趣和创造力。

其次，教学内容陈旧也是一个不容忽视的问题。在知识和技术不断更新换代的今天，部分高校的教学内容却仍然停留在过去，无法跟上时代的步伐，这不仅影响了学生的学习效果，也限制了他们的职业发展。因此，高校应该及时更新教学内容，引入最新的科研成果和行业动态，使学生能够掌握最前沿的知识和技能。此外，部分高校过于注重竞技体育的教学和训练，而忽视了对学生身心健康和社会适应能力等方面的关注与培养。这种做法不仅偏离了教育的初衷，也损害了学生的全面发展。教育不仅仅是传授知识，更重要的是培养学生的综合素质和能力。因此，高校应该注重学生的全面发展，使学生能够更好地适应社会的需求。

（三）师资队伍的构成方面

虽然整体素质有所提升，但仍存在教师数量不足、专业结构不合理等问题。部分教师缺乏创新意识和实践能力，难以满足高校体育育人的需求。

首先，从数量上看，体育教师的数量仍然不足。这导致一些高校在体育课程设置上捉襟见肘，难以提供丰富多样的体育课程供学生选择。同时，体育教师的短缺也使他们教学负担过重，难以有充足的时间和精力进行教学方法的改进和科研工作的深入。

其次，从专业结构上看，体育师资队伍的构成也存在不合理之处。一些高校在体育教师的招聘上过于注重学历和职称，而忽视了教师的实际教学能力和专业素养，这导致一些教师虽然拥有高学历和高职称，但在实际教学中却难以胜任，难以激发学生的兴趣和热情。更为严重的是，部分教师缺乏创新意识和实践能力。高校体育教育面临着前所未有的挑战和机遇，传统的体育教学方式已经难以满足现代学生的需求，他们需要更加多元化、个性化的体育教学方式。针对这些问题，我们应该采取积极的措施加以解决。第一，高校应该加大对体育教师的招聘力度，吸引更多有志于从事体育教育事业的人才加入。同时，高校也应该加强对体育教师的培训和教育，提升他们的专业素养和教学能力。第二，高校应该建立科学的评价体系，不仅要注重教师的学历和职称，还要注重教师的实际教学能力和专业素养。第三，高校应该鼓励教师积极探索新的教学方式和方法，激发他们的创新意识和实践能力，以满足高校体育育人的需求。

（四）体育设施建设方面

高校的硬件条件虽然得到了改善，但仍存在设施老化、更新滞后等问题。部分高校的体育场馆和器材无法满足高水平的运动训练和比赛需求，限制了学生体育技能的提升和体育活动的开展。

近年来，随着国家对体育事业的重视和投入逐渐增加，许多高校的体育场馆和器材得到了更新换代。然而，不容忽视的是，仍有部分高校的体育设施存在明显的短板。一些场馆由于使用年限过长，设施老化严重，不仅影响了运动员的训练效果，甚至可能带来安全隐患。此外，器材的更新滞后也使学生在进行体育训练时难以达到最佳状态，限制了他们的技能提升。

对于高水平运动训练和比赛而言，良好的体育设施是不可或缺的。它不仅能够为运动员提供一个安全、舒适的训练环境，还能够在一定程度上激发他们的竞技状态，提升他们的比赛成绩。因此，高校体育设施的改善和更新显得尤为重要。为了解决这个问题，我们需要从多个方面入手。首先，高校应加大对体育设施的投入力度，加快设施的更新换代速度。其次，可以考虑引入社会资本，与体育企业合作，共同推动体育设施的建设和更新。最后，对于设施老化和更新滞后的问题，高校应建立定期维护和检修机制，确保设施的正常运行和使用安全。除了硬件设施的改善，我们还应注重提升体育设施的利用率和管理水平，通过制定合理的使用规定和管理制度，确保每个学生都能够享受到体育设施带来的便利和乐趣。同时，高校还可以举办各类体育比赛和活动，吸引更多的学生参与其中，激发他们的运动热情。

（五）教育评价方面

当前的高校体育教育评价体系仍不完善，过于注重技能和成绩的考核，忽视了对学生体育素养、学习态度等方面的全面评价。这种单一的评价方式不仅无法真实地反映学生的体育学习情况，还可能挫伤学生的学习积极性。

首先，当前的高校体育教育评价体系过于注重技能和成绩的考核。在很多高校中，体育课程的评价往往以掌握运动技能和成绩达标为主要标准。这种评价方式虽然能够在一定程度上反映学生的运动能力，但却忽略了学生在体育学习过程中的其他重要方面。例如，学生的体育素养，包括体育知识、体育意识、体育品德等方面的培养，以及学生的学习态度，如参与度、合作精神、自我管理能力等，这些都是评价体育教育质量不可忽视的方面。

其次，单一的评价方式无法真实地反映学生的体育学习情况。每个学生的体育基础、兴趣爱好、身体素质等都有所不同，因此，他们在体育学习中的表现也会有所不同，仅仅以技能和成绩作为评价标准，很难全面、准确地反映每个学生的体育学习情况。此外，体育教育的目标不只是培养学生的运动技能，更重要的是培养学生的体育兴趣和习惯，帮助他们树立健康的生活方式。因此，这种单一的评价方式很难评价这些方面的教育成果。

最后，片面的评价方式还可能挫伤学生的学习积极性。如果对学生的学习评价过分地依赖于技能和成绩，那么那些在运动技能上表现不佳或者身体素质较差的学生可能会感到沮丧和失落。这种情况不仅会削弱学生的学习动力，还会影响他们的身心健康。因此，高校体育教育评价体系应该更加注重学生的个体差异和全面发展，采用多元化的评价方式，以激发学生的学习积极性。

三、原因分析与对策建议

针对以上存在的问题和挑战，我们需要深入剖析其原因并提出相应的对策建议。从原因层面来看，主要包括教育观念落后、教育投入不足、教育制度不完善等方面。因此，我们需要从以下五个方面入手进行改进和完善。

（一）更新教育观念，树立正确的体育育人理念

高校应充分认识体育教育在促进学生全面发展中的重要作用，将其纳入学校整体教育体系，并给予足够的重视和支持。

在当今社会，随着科技的飞速发展和生活节奏的加快，人们越来越重视教育的作用。然而，我们往往更关注学术成绩和专业技能的培养，却忽视了体育教育在促进学生全面发展中的重要作用。因此，更新教育观念，树立正确的体育育人理念，已成为高校体育教育的重要任务。通过体育教育，学生可以培养团队合作精神、提高自信心和应对压力的能力，同时还可以培养创造力和领导能力，这些都是学生在未来社会中必备的能力。在课程设置上，应合理安排体育课程，注重学生的兴趣和特长，使每个学生都能在体育课堂上找到自己的价值和位置。同时，高校还应加大对体育设施的投入，为学生提供更好的运动环境和条件。此外，高校还应加强对体育教师的培训和考核，提高他们的专业素养和教育能力。只有拥有高素质的体育教师，才能为学生提供更好的指导和帮助，使体育教育真正发挥其应有的作用。

（二）加大教育投入，改善体育教学条件

高校应加大对体育教育的经费投入力度，改善体育场馆和器材等硬件设施条件，为学生提供更加优质的学习和锻炼环境。

首先，高校应充分认识到体育教育的重要性。体育教育不只是培养学生的体育技能和体能的途径，更是塑造学生健康生活方式、培养团队协作精神和磨炼意志品质的重要途径。高校应将体育教育纳入整体教育发展规划，给予足够的重视和支持。

其次，高校应加大对体育教育的经费投入力度。这包括改善体育场馆和

器材等硬件设施条件，为学生提供更加优质的学习和锻炼环境。通过修建现代化的体育场馆，引进先进的体育器材，可以有效提升学生的体育参与度和锻炼效果。同时，高校还应加强体育设施的维护和更新，确保设施的安全性和功能性。

再次，高校还应注重体育师资队伍的建设。优秀的体育教师是提高学生体育水平和培养体育兴趣的关键。高校应加强对体育教师的培训和引进力度，提高教师的专业素养和教学能力。同时，还应建立科学的教师评价体系，激励教师不断创新教学方法，提高体育教学质量。

最后，高校应积极开展丰富多彩的体育活动。通过举办各类体育赛事和活动，可以激发学生的体育热情，培养其团队协作和竞争意识。同时，体育活动还可以为学生提供展示自我、锻炼能力的平台，有助于其综合素质的提升。

（三）完善教育制度，优化体育课程设置和教学内容

高校应根据学生的身心发展规律和社会需求变化来调整和完善体育课程设置和教学内容体系，注重培养学生的综合素质和能力水平。

高校作为人才培养的摇篮，应当站在时代的前沿，根据学生的身心发展规律和社会需求变化来调整和完善体育课程设置和教学内容体系，这不仅是对学生个体发展的尊重，还是对未来社会人才需求的精准回应。

在完善教育制度方面，高校应当构建一个全面、科学的体育教育评估体系，从课程设置、师资力量、教学效果等多维度进行评估和监控，确保体育教育的质量和效果。同时，应建立健全的激励机制，鼓励体育教师不断进修和创新，提高教学水平，为学生提供更高质量的体育课程。

在体育课程设置方面，高校应注重多元化和个性化。既要保留传统的体育课程项目，如篮球、足球、排球等，又要引入新兴的、具有挑战性的课程项目，如攀岩、皮划艇、瑜伽等，以满足不同学生的兴趣和需求。同时，应结合地方文化和民族特色，开设具有地域性和民族性的体育课程，培养学生的文化自信和民族自豪感。

在教学内容方面，高校应注重培养学生的综合素质和能力水平。除了基本的运动技能和体能训练，还应加强体育理论知识的学习，让学生了解体育

运动的原理、规则和策略。同时，应通过组织各种形式的体育竞赛和活动，培养学生的团队协作、竞技精神和领导力等综合素质。此外，还应注重体育与健康的融合，教授学生正确的运动方式和健康的生活方式，提高他们的身体素质和健康水平。

在实施这些措施时，高校还应加强与社会各界的合作与交流，引入社会资源和力量，共同推动体育教育的发展。例如，可以与体育俱乐部、体育企业等建立合作关系，为学生提供更多的实践机会和就业渠道。同时，可以邀请体育界的专家、教练来校开展讲座、指导等活动，让学生了解更多的体育知识和技能。

（四）加强师资队伍建设，提升教师的业务能力和教育素养

高校应加大对体育教师的引进和培养力度，并建立科学合理的激励机制和评价机制来激发教师的工作积极性和创新精神。

首先，高校应加大对体育教师的引进力度。在招聘过程中，要注重应聘者的专业背景、教学经验和综合素质。对于优秀的体育教师，高校应给予优厚的待遇和职业发展机会，吸引他们加入并长期留在高校任教。同时，高校还应积极拓宽招聘渠道，通过校内外公开招聘、人才引进计划等方式，吸引更多有志于从事体育教育的优秀人才。

其次，高校应加强对体育教师的培养力度。这包括为新入职的教师提供系统的入职培训，帮助他们熟悉教学环境、了解教学要求和掌握教学技巧；为在职教师提供进修、深造的机会，鼓励他们不断更新知识结构、提升业务水平；同时，还应定期组织教师参与教学交流、研讨活动，分享教学经验、探讨教学方法，促进教师之间的合作与交流。此外，建立科学合理的激励机制和评价机制是激发教师工作积极性和创新精神的关键。高校应根据体育教师的特点和工作实际，制定出一套既能激励教师积极投入教学，又能客观评价其工作成果的机制。例如，可以设立教学成果奖、科研成果奖等奖项，对教学和科研方面取得突出成绩的教师给予表彰和奖励；同时，还可以通过学生评教、同行评议等方式，对教师的教学质量进行客观评价，为教师提供改进教学的反馈和建议。

最后，加强师资队伍建设还需要高校领导的高度重视和大力支持。高校领导应充分认识到体育教育在人才培养中的重要作用，将师资队伍建设纳入学校整体发展规划，为体育教师的成长和发展创造良好的环境和条件。

（五）改进教育评价方式方法，构建科学合理的评价体系

高校应建立多元化、全方位的评价指标体系来全面反映学生的体育学习情况和综合素质发展水平，并注重发挥评价的激励和引导功能来促进学生的全面发展。

首先，需要建立多元化、全方位的评价指标体系。传统的以考试成绩为主的评价方式已经无法满足现代教育的需求。新的评价体系应该更加注重学生的全面发展，包括学术能力、实践能力、创新思维、团队协作、心理素质等各个方面。这样才能更全面地反映学生的体育学习情况和综合素质发展水平。例如，我们可以在评价中加入学生的参与程度、团队合作的能力、实践创新的成果等元素。对于体育课程，除了考察学生的体育技能和体能，还可以考察他们在团队运动中的表现，以及在体育活动中的组织能力和创新精神。

其次，要注重发挥评价的激励和引导功能。评价不仅是对学生学习成果的检验，更是对学生学习过程的引导。因此，评价应该具有激励性，能够激发学生的学习兴趣和动力，促使他们更加积极地投入到学习中去。同时，评价也应该具有引导性，能够帮助学生明确自己的发展方向，提升他们的综合素质。

为了实现这一目标，高校可以尝试采用多种评价方式，如自我评价、同伴评价、教师评价等。这些评价方式可以相互补充，形成一个更加全面、客观的评价结果。同时，我们还可以通过反馈机制，将评价结果及时地反馈给学生，帮助他们了解自己的优势和不足，制定改进策略。此外，还需要注意评价的公正性和公平性，评价应该遵循客观、公正、公平的原则，避免主观臆断和偏见。同时，评价还需要关注不同学生之间的差异，尊重他们的个性和特长，避免"一刀切"的评价方式。

第四节　本章小结

高校体育育人作为教育体系的重要组成部分，其重要性日益凸显。通过对高校体育育人的概念界定、历史沿革及现状分析进行深入探讨，我们可以清晰地看到其发展的脉络与未来的方向。

高校体育育人，不只是技能传授或体质提升的教育过程，更是一种全面性的教育过程，旨在通过体育实践活动，促进学生的身心健康、培养团队精神、竞争意识及坚韧不拔的意志品质。这一概念不断丰富和深化，从新中国成立初期的探索与奠基，再到改革开放后的恢复与发展，每一个阶段都留下了深刻的时代印记。

高校体育育人面临着新的机遇和挑战。一方面，随着教育理念的更新和课程改革的推进，高校体育教育逐渐从边缘走向中心，成为促进学生全面发展的重要途径。另一方面，社会对人才的需求日益多元化，对高校体育育人的质量和效果提出了更高的要求。

当前，高校体育育人在取得显著成效的同时，也存在着一些问题和挑战，如教育观念的落后、课程设置的单一、师资队伍的不足及评价体系的不完善等。这些问题的存在，制约了高校体育育人的进一步发展，需要我们共同努力去改进和完善。

针对这些问题，我们需要从多个方面入手。首先，要更新教育观念，树立正确的体育育人理念，将体育教育纳入学校整体教育体系，并给予足够的重视和支持。其次，要优化课程设置和教学内容，注重学生的个体差异和兴趣爱好，开设丰富多样的体育课程和课外活动。再次，要加强师资队伍建设，提升教师的业务能力和教育素养，建立一支高素质、专业化的体育教师队伍。最后，要改进教育评价方式方法，构建科学合理的评价体系，全面反映学生的体育学习情况和综合素质发展水平。

在未来的发展中，高校体育育人将继续发挥其在促进学生全面发展中的重要作用。随着教育改革的深入推进和社会对人才需求的不断变化，高校体育育人将面临更多的机遇和挑战。因此，我们需要保持与时俱进的教育理念和创新精神，不断探索和实践新的育人模式和方法，为培养的高素质人才贡献更大的力量。

总之，第二章为我们提供了全面而深入的高校体育育人概述。通过对其概念界定、历史沿革及现状分析的探讨，我们不仅可以清晰地看到高校体育育人的发展历程和未来方向，还可以深刻地认识到其在促进学生全面发展中的重要作用和面临的挑战，这为我们后续的理论研究和实践创新提供了有力的支撑和指引。

第三章 高校体育育人的理论基础

第一节 高校体育育人的教育背景分析

作为教育体系中的重要组成部分，高校体育育人呈现出了新的发展趋势和特点。为了更好地理解和把握高校体育育人的理论基础，我们首先需要对教育背景进行深入分析。

一、教育现代化与高校体育育人

教育现代化与高校体育育人是一个紧密相连、相互促进的重要议题。在现代社会，教育的目标已经不只是传授知识，更重要的是培养全面发展的人才。高校体育作为教育的重要组成部分，承载着培养学生身心健康、锻炼意志品质、提升综合素质的重要使命。因此，深入探讨教育现代化与高校体育育人的关系，对推动教育事业的发展具有重要意义。

教育现代化是一个不断演进的过程，它要求教育系统不断更新观念、改进方法、提升质量，以适应时代的需求。在这个过程中，高校体育育人发挥着不可替代的作用。首先，高校体育通过丰富多彩的课程内容，为学生提供了锻炼身体的机会。在现代化的教育体系中，学生的身体素质被视为全面发展的重要基础。通过参与各种体育活动，学生可以增强体魄、提高身体素质，为未来的学习和工作打下坚实的基础。其次，高校体育在培养学生的意志品质方面发挥着重要作用。在体育活动中，学生需要面对挑战、克服困难、坚持锻炼。这个过程不仅可以锻炼学生的身体，还能磨炼他们的意志。通过参与体育活动，学生可以培养出坚持、拼搏、团结等优秀品质，这些品质对他们的未来发展具有重要意义。

此外，高校体育还是提升学生综合素质的重要途径。在现代社会，仅仅具备专业知识是远远不够的，还需要具备良好的沟通能力、团队协作能力、创新能力等综合素质。高校体育通过组织各种团队活动、竞赛等，为学生提供了锻炼这些素质的机会。在团队活动中，学生需要与他人合作、沟通、协调，这不仅可以提升他们的团队协作能力，还能锻炼他们的沟通能力。在竞赛中，学生需要面对压力、挑战自我、创新思考，这有助于提升他们的抗压能力和创新能力。

在教育现代化的进程中，高校体育育人还需要不断创新和完善。首先，需要更新教育观念，将体育育人纳入全面发展的教育体系，并给予足够的重视和支持。其次，需要改进教学方法，注重学生的主体地位，激发学生的学习兴趣和积极性。再次，还需要加强师资队伍建设，提升教师的专业素养和教学能力。最后，需要完善评价体系，将体育育人的成果纳入学生的综合素质评价，以更好地激励学生参与体育活动。

二、素质教育与高校体育育人

素质教育与高校体育育人是一个相辅相成、紧密联系的话题。素质教育旨在全面提高学生的综合素质，包括思想道德素质、科学文化素质、身心健康素质等方面。而高校体育育人作为素质教育的重要组成部分，承担着促进学生身心健康、培养优秀品质、提升社会适应能力等重要任务。下文将就素质教育与高校体育育人的关系进行深入探讨。

在素质教育的大背景下，高校体育育人发挥着不可或缺的作用。首先，高校体育通过丰富多样的课程内容，为学生提供全面的身体锻炼机会，这不仅有助于提高学生的身体素质，还能增强他们的免疫力和抵抗力，为未来的学习和工作打下坚实的身体基础。此外，体育活动还能有效缓解学生的学习压力，促进学生的身心健康发展。

其次，高校体育在培养学生优秀品质方面具有独特优势。通过参与体育活动，学生可以锻炼自己的意志力、拼搏精神、团队协作能力等。这些优秀品质的培养，不仅有助于学生在体育领域取得优异成绩，还能为他们未来的生活和事业奠定坚实的基础。因此，高校体育育人在素质教育中占据着举足轻重的地位。

最后，高校体育还是提升学生社会适应能力的重要途径。在体育活动中，学生需要与不同背景、不同性格的人进行交流与合作。这种互动过程不仅有助于培养学生的沟通能力和团队协作精神，还能让他们学会如何适应社会、融入社会，这对培养学生的社会责任感和公民意识具有重要意义。

在实施素质教育的过程中，高校体育育人还需要不断创新和完善。首先，高校应更新教育观念，将体育育人纳入素质教育的整体框架，并给予足够的重视和支持。其次，高校应优化体育课程设置，注重课程的多样性和趣味性，以激发学生的参与热情和学习兴趣。再次，高校应加强师资队伍建设，提高教师的专业素养和教学能力，为体育育人提供有力保障。从次，高校应加强体育设施建设和管理，为学生提供更加安全、舒适、便捷的体育锻炼环境。这不仅有助于提高学生的运动积极性，还能让他们在体育活动中感受到学校的关爱和支持。最后，高校应完善体育评价体系，将学生的体育成绩和表现纳入综合素质评价，以更加全面、客观地评价学生的综合素质。

三、"健康中国"与高校体育育人

"健康中国"与高校体育育人是一个紧密相连、相互促进的时代议题。"健康中国"战略的实施，不仅要求提升全民健康水平，还强调通过科学、全面的健康教育，培养国民的健康素养和健康行为。高校体育育人作为健康教育的重要组成部分，肩负着促进学生身心健康、培养健康生活方式、塑造健康人格的重要使命。在"健康中国"的大背景下，高校体育育人的重要性愈发凸显。

首先，高校体育育人是实现"健康中国"目标的重要途径之一。通过系统的体育教学和丰富的体育活动，高校可以帮助学生掌握科学的健身方法，提高身体素质，增强抵抗力，从而有效降低疾病风险。这不仅有助于学生在校期间保持健康状态，还能为他们未来的生活和事业奠定坚实的健康基础。同时，高校体育还能有效缓解学生的学习压力，促进学生的心理健康发展，实现学生身心的和谐统一。

其次，高校体育育人在培养健康生活方式方面发挥着关键作用。在现代社会，不良的生活习惯和缺乏运动是导致许多慢性疾病的主要原因之一。通过参与体育活动，学生可以养成定期锻炼的习惯，培养积极向上的生活态度。此外，高校体育还能传授学生健康的知识，引导他们形成合理的饮食习惯，从而有效预防和控制慢性疾病的发生。

最后，高校体育育人对塑造学生的健康人格具有重要意义。在体育活动中，学生需要面对挑战、克服困难、追求卓越。这个过程不仅可以锻炼学生的身体，还能磨炼他们的意志品质，培养坚韧不拔、勇往直前的精神风貌。同时，体育活动还能增强学生的团队协作能力和社交技巧，提升他们的自信心和责任感。这些优秀品质的培养，对塑造学生的健康人格、促进他们的全面发展具有深远影响。

在"健康中国"战略的推动下，高校体育育人还需要不断创新和完善。一方面，高校应更新教育观念，将体育育人纳入学校教育的整体规划，确保体育教育的连续性和系统性。另一方面，高校应优化体育课程设置，注重课程的多样性和实用性，满足不同学生的需求。同时，高校还应加强体育师资队伍建设，提高教师的专业素养和教学能力，为体育育人提供有力保障。此外，高校还应加强与社区、企业等机构的合作，拓展体育育人的资源和平台，形成全社会共同关注和支持体育育人的良好氛围。

四、信息化与高校体育育人

信息化与高校体育育人是一个充满挑战与机遇的时代议题。随着信息技术的迅猛发展，教育领域正经历着深刻的变革。高校体育作为培养学生综合素质的重要环节，如何有效利用信息技术提升体育育人的效果，已成为当前教育领域关注的焦点。

在信息化时代，高校体育育人的方式和手段得到了极大的丰富和拓展。首先，信息技术的引入使体育教学更加生动、形象、直观。通过多媒体教学、网络教学等信息化手段，教师可以向学生展示更加丰富多彩的体育知识和技能，激发学生的学习兴趣和积极性。同时，学生也可以利用信息技术自主学习、自主探究，形成个性化的学习路径和学习节奏，提高学习效果。

其次，信息化手段为高校体育育人提供了更加便捷、高效的管理和服务。通过信息化管理系统，教师可以更加方便地对学生进行考勤、成绩评定、健康监测等工作，提高工作效率和管理水平。同时，学生也可以利用信息化平台查询成绩、预约场地、参与体育社团等活动，享受更加便捷、高效的体育服务。

最后，信息化还为高校体育育人带来了更加广阔的资源和平台。通过互联网、物联网等技术，高校可以连接全球范围内的体育资源，为学生提供更加多样化的学习内容和实践机会。同时，高校也可以与其他机构、企业等合作，共同打造体育育人的生态圈，形成资源共享、优势互补的良好格局。

然而，信息化与高校体育育人的融合也面临着一些挑战和问题。第一，信息技术的不断更新换代要求教师不断提升自身的信息素养和教学能力，以适应新的教学需求。第二，信息化手段的过度使用可能会影响学生的身心健康和学习效果，需要合理把握使用的度和方式。第三，信息安全和隐私保护也是信息化时代需要高度重视的问题。

为了更好地实现信息化与高校体育育人的融合，我们需要采取一系列措施。首先，高校应加强对教师的信息素养和教学能力的培训，提高他们运用信息技术进行体育教学的能力和水平。其次，高校应建立完善的信息化管理体系，确保信息技术的安全、稳定、高效运行。最后，高校应加强对学生使用信息技术的引导和监管，防止过度使用和不良影响的产生。

除此之外，我们还应积极探索信息化与高校体育育人的深度融合模式。例如，可以利用大数据、人工智能等技术对学生的体育学习情况进行全面分析和个性化指导，提高教学效果。还可以利用虚拟现实、增强现实等技术创设更加逼真的体育场景和情境，让学生在沉浸式的体验中更好地学习和掌握体育技能。

综上所述，教育背景为高校体育育人提供了新的机遇和挑战。在教育现代化、素质教育、"健康中国"战略及信息化的共同推动下，高校体育育人需要不断更新教育理念、创新教学方式、加强与其他领域的合作与交流，以适应社会的需求并推动自身的持续发展。

第二节　体育育人的概念与内涵

高校体育育人作为高等教育体系中的重要组成部分，其概念与内涵得到了进一步的丰富和发展。体育育人不再仅仅局限于传统的体育教学和体育锻炼，而是被赋予了更加全面和深刻的意义。

一、体育育人的概念

体育育人是指通过体育活动和体育教育来实现育人的目标。具体来说，它是指通过科学的体育教育方法和内容，使学生在参与体育活动的过程中，不仅掌握体育知识和技能，还能在身体、心理、社会适应等方面得到全面的发展。这种发展既包括身体的健康成长，也包括心理素质的提升、社会适应能力的增强及团队协作精神的培养等。

体育育人的概念已经得到了进一步的拓展和深化，它不再只是一种教育手段，更是一种教育理念和教育目标。体育育人的核心在于通过体育活动和体育教育来促进学生的全面发展，这种发展是全面的、协调的、可持续的，旨在培养具有创新精神和实践能力的高素质人才。

二、体育育人的内涵

（一）身体教育：塑造健康体魄，奠定未来基石

体育教育的首要任务便是强化学生的体质，提高他们的健康水平，为学生打造坚实的生活与学习基础。"身体是革命的本钱"，一个健康的体魄是学生追求知识、实现梦想的重要前提。通过科学的体育锻炼和合理的运动安排，我们可以帮助学生塑造出健康的体魄，让他们在学习的道路上走得更远，更稳健。科学研究表明，适度的体育锻炼能够促进学生的身体发育，提高心肺功能，增强身体素质。通过系统的体育训练，学生不仅能够拥有强健的体魄，还能够拥有坚韧不拔的意志品质和积极向上的生活态度。这些品质将伴随他们一生，成为他们面对困难与挑战时的有力武器。

（二）心理健康教育：调节心理状态，培养坚韧品质

体育活动在塑造健康体魄的同时，也对学生的心理健康起到了积极的调节作用。在紧张的学习生活中，学生常常面临压力与焦虑，而参与体育活动则能够成为他们释放压力、缓解焦虑的有效途径。在运动中，学生可以暂时忘却烦恼，专注于每一个动作、每一次呼吸，感受身体与心灵的和谐统一。此外，体育活动还能培养学生积极向上的心态和坚韧不拔的意志品质。在比赛中，学生需要面对失败与挫折，学会如何在困境中坚持、在挫折中成长。这些经历将使他们更加成熟、更加坚强，为未来的生活奠定坚实的基础。

（三）社会适应教育：学会与人相处，提高社交能力

体育活动是一种社会性的活动，需要学生与他人进行交流与合作。在参与体育活动的过程中，学生可以学会如何与他人相处、如何处理人际关系，从而提高他们的社会适应能力。在团队项目中，学生需要相互协作、共同努力，才能取得胜利，这种经历将使他们更加懂得团结合作的重要性，更加珍惜与他人的友谊。同时，他们还能在比赛中学会尊重对手、遵守规则，这些品质将使他们在未来的社会中更加受人尊敬。

（四）道德教育：培养团队协作精神，增强集体荣誉感

体育活动蕴含着丰富的道德教育资源。在参与体育活动的过程中，学生可以学会遵守规则、尊重对手、公平竞争等道德准则，这些准则不仅适用于体育赛场，还可以延伸到日常生活中，成为学生行为的指导原则。此外，体育活动还能培养学生的团队协作精神和集体荣誉感。在团队项目中，每个学生都是团队的一分子，他们的表现将直接影响整个团队的成绩。因此，学生需要学会如何为团队的整体利益着想，如何为了团队的胜利而付出努力。这种精神将使他们在未来的生活和工作中更加具有凝聚力和战斗力。

（五）创新教育：激发创造力，培养实践能力

体育育人注重培养学生的创新精神和实践能力。通过引入创新性的体育项目和教学方法，可以激发学生的创造力和想象力，培养他们的创新意识和实践能力。例如，引入一些新兴的体育项目，如电子竞技、街舞等，这些项目不仅具有趣味性和时尚性，还能激发学生的创造和想象力。同时，还可以采用一些创新性的教学方法，如项目式学习、情境教学等，让学生在实践

中学习、在探索中成长。

综上所述，在高校体育育人的理论基础上，体育育人的概念与内涵得到了全面的丰富和发展。它不再只局限于传统的体育教学和体育锻炼，而是被赋予了更加全面和深刻的意义。这种全面和深刻的意义不仅体现在身体教育、心理健康教育、社会适应教育、道德教育等方面，还体现在创新教育等方面。这些方面的有机结合和相互促进，共同构成了高校体育育人的完整内涵。同时，需要强调的是，高校体育育人的理论基础是一个不断发展的过程。随着社会的不断进步和教育改革的不断深入，高校体育育人的理论基础将不断得到丰富和完善。因此，我们需要保持与时俱进的教育理念和创新精神，不断探索和实践新的育人模式和方法，为培养高素质人才贡献更大的力量。最后，需要指出的是，虽然本书对高校体育育人的理论基础进行了较为全面的阐述和分析，但仍存在一些不足之处和需要进一步深入研究的问题。例如，如何更好地将体育育人的理念融入具体的教学实践、如何构建更加科学合理的体育育人评价体系等，这些问题都需要我们在未来的研究中进行深入的探讨和解答。

第三节　高校体育教育的功能与定位

高校体育教育作为高等教育不可或缺的一部分，其功能与定位显得愈发重要。随着教育理念的不断更新和社会对人才需求的变化，高校体育教育的功能与定位也需应时而变，以适应社会的发展需求。

一、高校体育教育的功能

（一）身体锻炼与健康促进

在当今社会，健康已经成为人们追求的重要目标之一。作为高等教育的重要组成部分，高校体育教育在促进学生身心健康、提高学生身体素质方面发挥着不可替代的作用。身体锻炼与健康促进功能，作为高校体育教育的重要功能之一，对培养全面发展的优秀人才具有重要意义。

通过科学合理的身体锻炼，学生能够有效地提高身体素质和运动能力。在体育教学中，学生通过参与各种体育运动项目，进行有氧运动、力量训练、柔韧性练习等，能够增强心肺功能、提高肌肉力量、改善身体柔韧性，全面提升身体素质。这种身体素质的提升不仅有助于学生在日常生活中更好地应对各种挑战和压力，还可以为他们未来的职业发展和社会责任担当的养成奠定坚实的基础。

除了身体素质的提升，高校体育教育还注重培养学生的健康意识和健康行为习惯。通过体育教学和健康教育，学生能够了解健康饮食、科学锻炼、合理休息等健康知识，树立正确的健康观念，形成健康的生活方式。这种健康意识和健康行为习惯的养成，对预防疾病、提高生活质量具有重要意义。特别是在当前社会，慢性病、亚健康等问题日益严重，高校体育教育的这一功能显得尤为重要。

此外，高校体育教育的身体锻炼与健康促进功能还体现在心理健康的促进方面。体育运动不仅能够锻炼身体，还能够愉悦身心、缓解压力。在体育教学中，学生通过参与体育活动，能够释放压力、调节情绪、增强自信心和团队协作能力。这些心理素质的提升，对提高学生的综合素质、促进学生全面发展具有重要作用。特别是在当前社会竞争日益激烈的情况下，良好的心理素质和抗压能力已经成为优秀人才必备的重要素质之一。

为了实现高校体育教育的身体锻炼与健康促进功能，需要采取一系列措施。首先，要制订合理的体育教学计划、整合课程内容，确保学生能够得到全面而科学的身体锻炼。其次，要加强体育设施建设和管理，为学生提供良好的体育锻炼环境和条件。再次，要加强师资队伍建设，提高教师的专业素养和教学能力，确保体育教学的质量和效果。最后，要加强健康教育和宣传，提高学生的健康意识和健康素养，引导他们形成健康的生活方式。

（二）心理健康教育

在快节奏、高压力的社会环境中，心理健康教育已经成为高校教育不可或缺的一部分。高校体育教育作为教育体系中的重要组成部分，不仅关注学生的身体锻炼和健康促进，还承担着心理健康教育的重任。体育教育的心理健康教育功能，对帮助学生建立积极心态、增强心理韧性、提高社会适应能力具有深远的意义。

高校体育教育通过组织多样化的体育活动，为学生提供了一个释放压力、调节情绪的平台。例如，在激烈的球类比赛中，学生可以挥洒汗水、宣泄情绪；在轻松的瑜伽或舞蹈课上，学生可以放松心情，尽情地享受运动的乐趣。这些体育活动不仅有助于缓解学生的学习压力，还能帮助他们建立积极的生活态度，以更加乐观的心态面对生活中的挑战。

此外，体育教育还能有效培养学生的团队协作精神和人际交往能力。在团队运动中，学生需要学会与他人沟通、协作，共同为团队的胜利而努力。这一过程不仅锻炼了学生的社交技能，还让他们学会了如何面对失败、如何承担责任。这些经验对学生未来步入社会、建立良好的人际关系具有重要的指导意义。

体育教育中的心理健康教育功能还体现在对学生自我认知的提升上。通过参与体育活动，学生可以更加清晰地认识自己的身体能力和运动潜力，从而增强自信心和自尊心。同时，体育教育还能帮助学生培养坚韧不拔的意志品质和勇于挑战的精神。在面对困难和挫折时，学生能够学会坚持不懈、勇往直前，以更加积极的态度面对生活中的种种挑战。

为了实现体育教育的心理健康教育功能，高校需要采取一系列措施。首先，高校应该注重体育课程的设置，确保课程内容的多样性和趣味性，以满足不同学生的需求。其次，高校应该加强体育教师的培训，提高他们的专业素养和心理健康教育能力。只有具备专业知识和技能的教师，才能更好地引导学生参与体育活动，帮助他们建立健康的心态。最后，高校还可以通过组织丰富多彩的校园体育活动、开展心理健康讲座等方式，进一步拓展体育教育的心理健康教育功能。

（三）社会适应与团队协作

高校体育教育不仅关注学生的身体健康与运动技能的提升，还注重培养学生在社会中的适应能力和团队协作精神。这种转变既是教育发展的趋势，也是社会对高校毕业生的新要求。高校体育教育的社会适应与团队协作功能，对促进学生全面发展、提高学生未来的职场竞争力具有重要意义。

社会适应能力是个体在社会环境中生存与发展的基本能力之一。高校体育教育通过模拟社会环境、设置角色任务、制定规则要求等方式，帮助学生更好地适应社会生活。在体育比赛中，学生需要遵守比赛规则、尊重对手和裁判、正确对待胜负等，这些都是未来社会生活中必不可少的行为准则。通过参与体育活动，学生能够学会如何与他人公平竞争、如何处理冲突和矛盾、如何承担责任和压力等，从而提升自己的社会适应能力。

同时，高校体育教育也是培养学生团队协作精神的重要途径。在现代社会中，团队协作能力已经成为衡量人才综合素质的重要标准之一。在体育教育中，很多项目需要团队合作才能完成，如篮球、足球、排球等，在这些项目中，学生需要相互协作、相互支持，才能取得比赛的胜利。这一过程不仅锻炼了学生的团队协作能力，还让他们学会了如何倾听他人的意见、如何分工合作、如何解决团队矛盾等。这些经验对学生未来在职场中的团队协作具有重要意义。

高校体育教育通过组织多样化的体育活动，为学生提供了一个实践社会适应与团队协作的平台。在体育课上，教师可以通过组织小组比赛、团队合作项目等方式，让学生亲身体验到团队协作的重要性和魅力。在比赛中，学生可以感受到团队胜利带来的喜悦和荣誉感；在合作中，学生可以领悟到团队协作的力量和价值。这种实践体验能够让学生更加深入地理解社会适应与团队协作的内涵，从而更好地应用到实际生活中。

为了实现高校体育教育的社会适应与团队协作功能，教师需要注重培养学生的自主意识和参与意识。在教学过程中，教师应该给予学生更多的自主选择权和决策权，让他们在体育活动中充分发挥自己的主观能动性。同时，教师还应该注重引导学生树立正确的胜负观和合作观，让他们在比赛中能够正确对待胜负结果，在合作中能够真诚相待、相互支持。此外，高校还可以通过加强与企业的合作与交流，为学生创造更多的实践机会和平台，让他们在实际工作中更好地运用所学知识和技能。

（四）文化传承与体育精神培养

高校作为文化的传承与创新之地，其体育教育不仅承担着锻炼学生体魄、提升运动技能的任务，更在深层次上肩负着文化传承与体育精神培养的重要使命。这种功能不仅关乎学生的个体成长，更与整个民族的文化自信和精神风貌息息相关。

在文化传承方面，高校体育教育通过教授各种传统体育项目，如武术、太极拳、龙舟等，让学生亲身体验和感知中华优秀传统文化的魅力。这些体育项目不仅蕴含着深厚的文化内涵和历史底蕴，更是中华民族智慧的结晶。学生在学习与实践过程中，不仅能够掌握运动技能，更能深入了解技能背后的文化意蕴，从而增强对民族文化的认同感和自豪感。这种认同感与自豪感是文化自信的重要来源，也是学生成长为有担当、有情怀的青年的重要基础。

同时，高校体育教育还注重体育精神的培养。体育精神是体育运动中所蕴含的积极向上、团结协作、勇攀高峰等精神品质的总称。通过参与体育活动，学生可以深刻体会到团队合作的力量、坚持不懈的价值及公平竞争的意义。这些精神品质不仅能够在体育比赛中得到体现，更能够迁移到学生的日常生活和未来工作中，成为他们面对困难与挑战时强大的精神支柱。

高校体育教育在文化传承与体育精神培养方面的功能还体现在对学生综合素质的提升上。通过体育教育，学生可以培养坚韧不拔的意志品质、勇于挑战的精神风貌及良好的团队协作和沟通能力。这些素质的提升不仅有助于学生在学业上取得更好的成绩，还能为他们未来的职业发展和社会责任担当奠定坚实的基础。

为了实现高校体育教育的文化传承与体育精神培养功能，高校需要采取一系列措施。首先，高校应该注重体育课程的设置与改革，确保课程内容既能够体现中华优秀传统文化的精髓，又能够符合现代体育教育的发展趋势。其次，高校应该加强师资队伍建设，培养一支既具备专业技能又熟悉传统文化的体育教师队伍。最后，高校还可以通过举办体育文化节、开展体育交流活动等方式，进一步拓展体育教育的文化传承与体育精神的培养功能。

（五）创新能力与实践能力培养

创新能力和实践能力已成为衡量人才质量的重要标准。高校体育教育，作为高等教育体系的重要组成部分，同样承载着培养学生创新能力和实践能力的重任。通过科学合理的教育方法，高校体育教育不仅能够锻炼学生的体魄，还能够激发他们的创新思维，提升他们的实践能力。

创新能力是指在现有知识和技能的基础上，通过独立思考、勇于尝试，提出新颖、有价值的观点或解决问题的能力。在高校体育教育中，创新能力的培养贯穿整个教学过程。首先，体育教育的多样性和开放性为学生提供了广阔的创新空间。无论是教学内容的选择、教学方法的运用，还是教学评价的实施，都鼓励学生发挥主观能动性，积极参与决策和实践。这种环境有助于激发学生的创新意识，培养他们的创新思维。其次，体育教育中的团队合作和竞技比赛也是培养学生创新能力的重要途径。在这些活动中，学生需要运用所学知识和技能，与团队成员共同协作，制定策略、解决问题。这一过程不仅能够锻炼学生的实践能力，还能够激发他们的创新思维，提升他们的创新能力。

实践能力是指将所学知识和技能应用于实际情境，解决实际问题的能力。高校体育教育通过组织丰富多样的实践活动，如教学比赛、运动会、社团活动等，为学生提供了大量的实践机会。在这些活动中，学生需要将所学知识和技能付诸实践，与团队成员共同协作，完成实际任务。这一过程不仅有助于巩固和提升学生的运动技能，还能够培养他们的实践能力。同时，体育教育还注重培养学生的自主锻炼习惯和自我管理能力。通过制订个性化的锻炼计划、进行自我监督与评价等方式，学生能够更好地将所学知识和技能应用到日常生活中，提升自我实践能力。

为了实现高校体育教育的创新能力和实践能力培养功能，教师需要不断更新教育观念，采用先进的教学方法。例如，教师可以运用探究式教学法、案例教学法等启发式教学方法，激发学生的学习兴趣和创新思维；可以运用现代信息技术手段，如虚拟现实、增强现实等，创设丰富多样的教学情境和实践平台；还可以与企业、社区等合作开展实践教学活动，拓宽学生的实践渠道和视野。

二、高校体育教育的定位

（一）作为全面育人的重要组成部分

在全面育人的教育体系中，高校体育教育占据着举足轻重的地位。它不仅是一门传授运动技能和体育知识的学科，还是一种促进学生身心健康、塑造健全人格、培养综合素质的重要途径。高校体育教育的这种定位，体现了现代教育对人的全面发展的高度重视，也反映了体育教育在育人过程中的独特价值和不可替代性。

首先，高校体育教育在促进学生身心健康方面具有重要作用。现代社会节奏快，学生压力大，身心健康问题日益受到关注。体育教育通过科学合理的锻炼，能够增强学生的体质，提高身体机能，预防疾病，促进健康。同时，体育活动还能够调节情绪，缓解压力，有助于学生的心理健康。因此，高校体育教育是学生身心健康的重要保障。

其次，高校体育教育在塑造学生健全人格方面发挥着重要作用。体育活动需要学生具备坚韧不拔的意志、团结协作的精神、勇于挑战的勇气等品质。通过参与体育活动，学生能够锻炼自己的意志品质，培养团队协作和领导能力，形成积极向上的人生态度和价值观。这些品质和能力对学生未来的职业发展和社会责任担当的养成具有重要意义。

最后，高校体育教育还是培养学生综合素质的重要途径。在现代社会，人才竞争日益激烈，综合素质成为衡量人才质量的重要标准。体育教育不仅能够提升学生的身体素质和运动技能，更能够培养他们的创新能力、实践能力、沟通能力等多方面的素质。这些素质的提升有助于学生在学业上取得更好的成绩，更能够为他们未来的职业发展奠定坚实的基础。

为了实现高校体育教育的全面育人功能，高校需要采取一系列措施。首先，高校应该注重体育课程的设置与改革，确保课程内容既能够体现现代体育的发展趋势，又能够满足学生的多样化需求。其次，高校应该加强师资队伍建设，培养一支既具备专业技能又熟悉教育规律的体育教师队伍。最后，高校还可以通过举办体育文化节、开展体育交流活动等方式，进一步拓展体育教育的育人功能。

（二）作为提升学生综合素质的重要途径

在提升学生综合素质的教育体系中，高校体育教育占据着至关重要的地位。它不仅关注学生的身体健康和运动技能的培养，还着眼于学生全面素质的提升，包括心理素质、团队协作、创新思维、实践能力等多个方面。这种定位使高校体育教育成为培养学生综合素质不可或缺的重要环节。

在当今社会，人才竞争日益激烈，综合素质已经成为衡量人才质量的重要标准。高校作为人才培养的摇篮，肩负着为社会输送高素质人才的重任。而体育教育作为高校教育的重要组成部分，对于提升学生的综合素质具有不可替代的作用。通过科学合理的体育教育和锻炼，学生能够全面提升自身的身体素质、心理素质和社会适应能力，为未来的职业发展和社会责任担当奠定坚实的基础。

首先，高校体育教育有助于提升学生的身体素质。通过系统的体育锻炼和运动技能的训练，学生能够增强肌肉力量、提高身体柔韧性、改善身体协调性，从而全面提升自身的身体素质。良好的身体素质是学生未来职业发展和承担社会责任的基础，也是他们保持健康生活方式和积极人生态度的重要保障。

其次，高校体育教育有助于培养学生的心理素质。体育活动需要学生具备坚韧不拔的意志、勇于挑战的勇气、团结协作的精神等品质。通过参与体育活动，学生能够锻炼自己的意志品质，培养自信心和抗压能力，形成积极向上的人生态度和价值观。这些心理素质的提升有助于学生在面对困难和挑战时保持冷静和乐观，更好地应对未来的各种挑战。

最后，高校体育教育还有助于培养学生的创新思维和实践能力。体育活动需要学生具备创新思维和解决问题的能力。通过参与体育活动，学生能够学会如何运用所学知识解决实际问题，培养创新思维和实践能力。这些能力的提升有助于学生在未来的工作和生活中更好地应对各种复杂的问题，提出新颖的解决方案，为社会的进步和发展做出更大的贡献。

（三）作为推动健康校园建设的重要力量

在推动健康校园建设方面，高校体育教育被赋予了重要的角色和使命。它不仅是培养学生健康生活方式的关键环节，更是构建积极向上、充满活力的校园文化的重要组成部分。体育教育在促进学生身心健康、塑造健康行为习惯、营造和谐校园环境等方面发挥着不可替代的作用，是推动健康校园建设的重要力量。

在现代社会中，健康问题日益受到人们的关注，特别是青少年学生的身心健康问题，更是牵动着社会各界的心。高校作为培养未来社会栋梁的摇篮，其校园环境的健康与否直接影响着学生的成长和发展，而体育教育作为学生身心健康的重要保障，自然成为推动健康校园建设的重要抓手。

体育教育通过科学合理的课程设置和丰富多彩的活动形式，引导学生参与体育锻炼，培养他们的运动兴趣和习惯。无论是体育课上的教学训练，还是课余时间的体育活动，都能够让学生在运动中感受到身心的愉悦和放松。这种愉悦和放松不仅有助于缓解学习压力，更能够提高学生的身体素质和免疫力，为他们的健康成长保驾护航。

同时，体育教育还注重培养学生的健康行为习惯。通过传授健康知识、教授运动技能、组织健康竞赛等方式，帮助学生树立正确的健康观念，养成健康的生活方式。这种健康行为习惯的养成不仅对学生个人的身心健康有益，还能够对整个校园的健康环境产生积极的影响。

此外，体育教育在营造和谐校园环境方面也发挥着重要作用。体育活动是学生展示自我、交流情感的重要平台。在参与体育活动的过程中，学生能够感受到团队的凝聚力和向心力，增强彼此之间的友谊和信任。这种友谊和信任不仅有助于提高学生的社会适应能力，更能够为整个校园营造出一种积极向上、团结友爱的氛围。这种氛围对促进学生的全面发展、构建和谐校园具有重要意义。

为了更好地发挥体育教育在推动健康校园建设中的作用，高校需要采取一系列措施。首先，高校应该加大对体育教育的投入力度，改善体育设施条件，为学生提供更加优质的体育教育和锻炼环境。其次，高校应该注重体育教育的课程设置和教学方法改革，确保体育教育能够真正满足学生的需求和兴趣。同时，高校还应该积极开展各种形式的体育活动和竞赛，激发学生的运动热情，培养他们的团队合作精神和竞争意识。最后，高校还应该加强与社会各界的合作与交流，共同推动健康校园建设事业的深入发展。

（四）作为连接学校与社会的桥梁

高校体育教育在现代教育体系中扮演着多重角色，其中之一便是作为连接学校与社会的桥梁。这种定位不仅体现了体育教育在提高学生社会适应能力方面的重要作用，还凸显了其在促进学校与社会交流、互动中的独特价值。

目前，学校与社会的联系日益紧密，学生的成长和发展离不开社会的支持和参与。而体育教育，作为一种具有社会性和实践性的教育活动，自然成为学校与社会之间的重要纽带。通过体育教育，学生能够更好地了解社会、融入社会，同时也能够更好地为社会做出贡献。

首先，高校体育教育为学生提供了接触和了解社会的机会。在体育活动中，学生需要与不同背景、不同职业的人进行交流和合作，这为他们提供了了解社会多元性的窗口。通过与社会各界的互动，学生能够拓宽视野、增长见识，更好地认识社会、理解社会。

其次，高校体育教育培养了学生的社会适应能力。体育活动需要学生具备团队合作、沟通协调、公平竞争等社会所需的基本素质和能力。通过参与体育活动，学生能够锻炼自己的组织协调能力、沟通能力和团队协作能力，为未来的社会生活和职业发展做好充分准备。这种社会适应能力的培养不仅有助于学生在学校中更好地融入集体、参与各种活动，更能够为他们步入社会后迅速适应工作环境、融入社会大家庭提供有力支持。

再次，高校体育教育通过组织各种形式的竞赛和活动，为学生提供了展示自我、实现自我价值的平台。这些竞赛和活动不仅吸引了社会的关注和支持，更为学生提供了与社会各界人士交流、互动的机会。通过与企业、社区等机构的合作，学生能够更好地了解社会需求和发展趋势，为自己的未来规划提供有力依据。同时，这种交流与合作也为学校带来了更多的资源和支持，推动了学校与社会的良性互动。

最后，高校体育教育在推动学校与社会的文化交流方面也发挥着重要作用。体育活动作为一种具有广泛参与性和观赏性的文化现象，不仅丰富了校园文化生活，还成了学校与社会文化交流的重要载体。通过组织校际比赛、参加社会体育活动等方式，学校能够向社会展示自身的教育理念和办学成果，同时也能够吸收和借鉴社会的先进文化和经验，推动校园文化的创新与发展。

综上所述，高校体育教育的功能与定位更加明确和丰富。高校体育教育不仅承载着锻炼身体、促进健康的基础任务，还肩负着心理健康教育、社会适应性教育、文化传承与体育精神培养等多重使命。同时，高校体育教育应定位为全面育人体系的重要组成部分、提升学生综合素质的重要途径、推动健康校园建设的重要力量及连接学校与社会的桥梁。这些功能与定位的实现需要高校体育教育不断创新教育理念、优化课程设置、加强师资队伍建设、完善评价体系等多方面的努力和实践。

第四节　高校体育育人的理论依据

一、素质教育理论

在高校体育育人的理论体系中，素质教育理论占据着举足轻重的地位。素质教育作为一种全新的教育理念，旨在培养全面发展、具有创新精神和实践能力的高素质人才。高校体育教育作为素质教育的重要组成部分，其育人功能和价值日益凸显。

素质教育理论强调，教育的核心目标是促进学生的全面发展，包括身体素质、心理素质、社会文化素质等多个方面。这一理念与高校体育教育的育人目标不谋而合。高校体育教育不仅关注学生的身体健康，还注重培养学生的心理素质、社会适应能力、团队协作精神和创新意识等。通过科学的体育教学和锻炼，学生可以全面提升自身的综合素质，为未来的学习、工作和生活奠定坚实的基础。

在素质教育理论的指导下，高校体育教育应更加注重学生的主体地位和个性发展。传统的体育教学往往采用"填鸭式"的教学方法，忽视了学生的主体地位和个性差异，而素质教育理论则要求高校体育教育必须尊重学生的主体地位，关注学生的个体差异，因材施教，让每个学生都能在体育活动中找到自己的兴趣点和发展方向。同时，高校体育教育还应注重培养学生的自主学习能力和创新精神，鼓励学生在体育活动中积极探索、勇于创新，不断提升自身的综合素质和能力水平。

此外，素质教育理论还强调教育的社会性和实践性。高校体育教育作为一种社会性的教育活动，应紧密联系实际，注重培养学生的社会适应能力和实践能力。通过组织丰富多彩的体育活动和竞赛，学生可以更好地了解社会、融入社会，提升自身的社会适应能力。同时，高校体育教育还应注重实践教学和实践锻炼，为学生提供更多的实践机会和实践平台，让他们在实践中学习、在实践中成长。

在素质教育理论的指导下，高校体育教育还应注重与其他教育领域的融合与渗透。素质教育是一个全面、系统的教育体系，各个教育领域之间应相互融合、相互促进，共同实现全面育人的目标。高校体育教育作为素质教育的重要组成部分，应与其他教育领域，如德育、智育、美育等相互融合，共同促进学生的全面发展。通过跨学科的课程设计、综合性的教学评价等方式，可以实现高校体育教育与其他教育领域的有机融合，为学生的全面发展提供更加全面、系统的教育支持。

综上所述，素质教育理论为高校体育育人提供了重要的理论支撑和指导方向。在素质教育理论的指导下，高校体育教育应更加注重学生的主体地位和个性发展、注重教育的社会性和实践性、注重与其他教育领域的融合与渗透等方面的工作，通过这些努力和实践，可以不断提升高校体育教育的育人效果和质量水平，为培养高素质人才做出更大的贡献。同时，我们也需要认识到素质教育理论在高校体育育人实践中的应用还面临着许多挑战和问题，需要我们不断探索和创新实践方式和方法，以更好地推动高校体育育人事业的发展。

二、人的全面发展理论

在高校体育育人的理论探讨中，人的全面发展理论无疑占据着核心地位。这一理论强调，教育的终极目标是促进人的全面、协调、可持续发展，涵盖了身体素质、智力水平、心理素质、道德品质及社会交往能力等多个方面。高校体育教育作为教育体系中的重要一环，其育人功能与人的全面发展理论紧密相连。具体而言，人的全面发展理论在高校体育育人中的体现，首先是对学生身体素质的提升。通过科学、系统的体育教学和锻炼，学生的体质得以增强，身体健康水平得到提高，为未来的学习和工作打下坚实的基础。其次，该理论注重对学生智力的开发。体育活动不仅仅是身体的运动，更是一种思维的活动。在体育活动中，学生需要运用智慧制定策略、解决问题，从而培养他们的思维能力和创新能力。再次，心理素质的培养也是人的全面发展理论中不可忽视的一环。高校体育教育通过组织各种竞赛和活动，让学生在面对挑战和困难时学会坚持与拼搏，培养他们的意志品质和抗挫折能力。此外，道德品质的提升同样是体育育人的重要目标。在体育活动中，学生需要遵守规则、尊重对手、公平竞争，这些行为规范的内化有助于他们形成良好的道德品质。最后，社会交往能力的培养也是人的全面发展理论所强调的。体育活动为学生提供了与他人交流、合作的机会，帮助他们在实践中提升社会交往能力，为未来的社会生活做好准备。

综上所述，人的全面发展理论为高校体育育人提供了坚实的理论基础，指引着高校体育教育的发展方向。高校体育教育应当更加注重学生的全面发展，创新育人模式和方法，为培养德智体美劳全面发展的社会主义建设者和接班人贡献自己的力量。同时，人的全面发展理论也要求高校体育教育要与时俱进，紧密结合社会需求和学生实际，不断优化课程体系和教学方法，确保体育育人的有效性和针对性。只有这样，我们才能真正实现高校体育育人的目标，为国家和民族的繁荣昌盛培养出更多优秀的人才。

三、终身教育理论

终身教育理论是当代教育领域中一种重要的理念，它强调学习不应只局限于学校阶段，而应贯穿人的一生。这一理论主张无论年龄、性别、社会地位如何，每个人都应该有机会在任何时候、任何地点继续学习和发展自己。终身教育理论的提出，对推动教育改革、提高国民素质、促进社会进步具有重要意义。

终身教育理论的核心理念是"学习无止境"。在传统教育观念中，学习往往被视为一种阶段性的活动，主要集中在青少年时期，随着年龄的增长，学习的机会和动力逐渐减少。然而，终身教育理论打破了这种局限，认为学习是一个持续不断的过程，伴随着人的一生，无论是在学校、职场还是社区，每个人都应该有机会接受教育、获取知识、提升技能。

终身教育理论强调教育的多样性和灵活性。与传统教育相比，终身教育更加注重个体差异和个性化需求。它主张根据每个人的兴趣、能力和发展需求，提供多样化的教育路径和学习方式。无论是正规教育、非正规教育还是非正式学习，都应该被纳入终身教育的范畴。此外，终身教育还倡导学习时间的灵活安排，允许个人根据自身情况选择学习的时间和地点，使学习更加符合个人的生活节奏和需求。

终身教育理论对推动教育改革具有重要指导意义。在传统教育体系中，学校教育往往被视为唯一的教育途径，而其他形式的教育和学习则被忽视或边缘化。终身教育理论的提出，促使人们重新审视教育的本质和目标，推动教育体系向更加开放、多元、灵活的方向发展。它鼓励学校与社区、企业等机构合作，共同构建终身教育体系，为每个人提供均等、公平的教育机会。

终身教育理论对提高国民素质和社会进步具有深远影响。在知识经济时代，知识和技能的更新速度日益加快，终身教育成为个人适应社会发展的必然要求。通过持续学习和自我提升，个人能够不断增强自身的竞争力，更好地应对职业挑战和社会变革。同时，终身教育还有助于培养公民的社会责任感和参与意识，推动社会的创新和发展。

然而，实现终身教育目标面临着许多挑战。首先，教育资源的不均衡分配是一个重要问题。在许多地区，特别是发展中国家，教育资源匮乏且分配不均，导致许多人无法享受到充足的教育机会。其次，传统教育观念根深蒂固，人们对终身教育的认知和理解有待提高。最后，终身学习需要个人具备自主学习和自我管理能力，这对于一些人来说可能是一项挑战。

为了克服这些挑战并推动终身教育的实施，政府、教育机构和社会各界需要共同努力。政府应加大对教育的投入力度，优化教育资源配置，为每个人提供均等的教育机会。教育机构应积极改革教学方法和内容，满足多样化的学习需求。社会各界应加强对终身教育的宣传和推广，提高公众对终身教育的认知度和参与度。

四、多元智能理论

多元智能理论由美国教育学家和心理学家霍华德·加德纳（Howard Gardner）于20世纪80年代提出，这一理论彻底改变了人们对智能的传统看法。它强调智能的多元化和个性化，认为每个人都拥有多种智能，而这些智能在不同的人身上会以不同的方式和程度表现出来。多元智能理论的提出，对教育界产生了深远的影响，推动了教育从单一、标准化的模式向多元、个性化的方向发展。

在多元智能理论中，加德纳提出了八种主要智能类型，包括语言智能、数学逻辑智能、空间智能、身体运动智能、音乐智能、人际智能、自我认知智能和自然认知智能。这些智能的类型涵盖了人类认知和能力的各个方面，反映了人类智能的多样性和复杂性。

语言智能是指人们运用语言进行有效交流和表达思想的能力。这种智能在作家、诗人、记者等职业中表现得尤为突出。数学逻辑智能则涉及逻辑推理、数学运算和问题解决等方面，是科学家、数学家、工程师等职业所必需的智能。

空间智能使人们能够感知、理解和操作空间关系，对于建筑师、艺术家、飞行员等职业至关重要。身体运动智能则体现在身体协调、动作技能和动手能力上，对于运动员、舞蹈家、手工艺人等职业具有重要意义。

音乐智能使人们能够感知、理解和创造音乐，对于音乐家、作曲家、指挥家等职业是不可或缺的。人际智能则关注人们理解他人、与人交往和合作的能力，对于政治家、社会工作者、心理咨询师等职业至关重要。

自我认知智能涉及人们对自己内心世界的理解和洞察，对于哲学家、心理学家、神学家等职业具有重要意义。自然认知智能则使人们能够观察、理解和分类自然界的事物，对于生物学家、环境科学家、地质学家等职业是不可或缺的。

多元智能理论的核心理念是尊重每个人的智能差异和个性特点。它认为，每个人都有自己独特的智能组合和发展潜力，而教育的目标应该是发现并培养每个人的优势智能，同时促进其他智能的全面发展。这一理念打破了传统教育中"一刀切"的教学模式，提倡因材施教、个性化教育，让每个学生都能在适合自己的学习环境中得到充分发展。

多元智能理论对教育实践的指导意义在于，它鼓励教师关注学生的个体差异，采用多样化的教学方法，以满足不同学生的智能发展需求。同时，它还提倡评价方式的多元化，注重过程性评价和表现性评价，以全面、真实地反映学生的智能发展状况。

此外，多元智能理论还强调学校与社区、家庭的合作与沟通。它认为，学校应该充分利用社区和家庭资源，为学生提供更加广阔的学习空间和实践机会。同时，学校还应该加强与家长的沟通与合作，共同关注学生的智能发展，形成教育合力。

五、积极心理学理论

积极心理学理论是心理学领域中的一股新兴力量，它扭转了传统心理学过度关注问题和障碍的局面，转而聚焦于人类的优点和美德。这一理论强调研究人类的积极心理品质，提倡以一种更加开放和欣赏的视角看待人类的潜能和成就。积极心理学不仅关注个体的心理健康，还致力于提升整个社会的幸福感和生活质量。

积极心理学理论的核心在于对人类积极心理品质的探索和研究。它认为，每个人都天生具有一系列积极心理品质，如乐观、勇气、爱、感恩、智慧等，这些品质不仅是人类心理健康的重要组成部分，也是个体在面对挑战和困境时的重要资源。通过培养和发掘这些积极心理品质，个体能够更好地应对生活中的压力和挑战，实现自我成长和提升幸福感。

与传统心理学不同，积极心理学不仅关注问题和障碍的解决，还重视个体潜能的发挥和优点的展现。它认为，每个人都有自己独特的优势和潜能，只要给予适当的支持和机会，就能够实现自我超越和成长。因此，积极心理学在心理治疗和教育实践中强调个体的优势和资源，鼓励个体通过自我认知和自我提升来增强自信和幸福感。

积极心理学还致力于研究幸福感的本质和来源。它认为，幸福感不仅仅是一种主观感受，更是一种可以通过积极心理品质和行为来实现的状态。通过培养感恩、乐观、自我效能感等积极的心理品质，个体能够更加积极地面对生活，体验到更多的幸福感和满足感。同时，积极心理学也关注社会关系、文化背景等外部因素对幸福感的影响，提倡通过改善社会环境和人际关系来提升整个社会的幸福感。

在教育领域，积极心理学也发挥着重要作用。它鼓励教育者关注学生的优点和潜能，通过正向激励和赞赏来增强学生的自信心和学习动力。同时，积极心理学也提倡在教育实践中融入幸福教育，帮助学生培养积极的人生观和价值观，提升他们的幸福感和生活质量。

此外，积极心理学还在组织管理、临床心理学等领域得到了广泛应用。在组织管理中，积极心理学通过培养员工的积极心态和团队精神，提升员工的工作满意度和绩效表现。在临床心理学中，积极心理学则通过发掘患者的积极心理资源和应对方式，帮助他们更好地应对心理问题和疾病。

六、社会文化理论

社会文化理论是一种强调社会文化因素在人类认知、学习和发展中起核心作用的理论。它认为，个体的心理发展、认知过程及行为表现都深受其所处的社会文化环境的影响和塑造。这一理论突破了传统心理学中将个体视为孤立存在的局限，将个体置于广阔的社会文化背景中，从而更加全面地理解人类的心理和行为。

社会文化理论的核心观点是，人类的认知、情感和行为都是在与他人的互动中逐渐形成的。个体的心理发展不是孤立的，而是在与他人的交流、合作和共同活动中不断得到塑造和发展的。社会文化环境为个体提供了认知工具、语言符号、社会规范等文化资源，这些资源在个体的心理发展中起着至关重要的作用。

在社会文化理论中，语言被视为一种核心的认知工具。语言不仅是人类交流的工具，更是人类认知世界、表达思想、构建知识的媒介。个体通过语言与他人进行互动，理解他人的意图和情感，同时也通过语言来表达自己的需求和感受。语言的发展和使用都深受社会文化环境的影响，不同的语言和文化背景会导致不同的认知方式和行为表现。

此外，社会文化理论还强调社会互动在个体发展中的重要性。社会互动不仅为个体提供了学习和模仿的机会，还促进了个体认知和情感的发展。在社会互动中，个体通过观察、模仿和参与共同活动来学习和掌握社会规范、价值观念和知识技能。这种社会性的学习方式使个体的心理发展与社会文化环境紧密相连。

社会文化理论对教育实践也具有重要的指导意义。它提醒我们，教育不仅是传授知识的过程，还是塑造个体认知、情感和行为的过程。在教育实践中，我们应该注重学生的社会文化背景，尊重他们的认知方式和行为表现，为他们提供多样化的学习资源和互动机会。教师也应该成为学生的引导者和合作者，与他们共同构建知识、解决问题，促进他们的全面发展。

同时，社会文化理论还对跨文化交流和全球化背景下的教育具有重要意义。在跨文化交流中，我们应该尊重不同文化背景下的认知方式和行为表现，避免文化偏见和误解。在全球化背景下，教育应该更加注重培养学生的跨文化意识和能力，使他们能够适应多元文化的社会环境。

七、系统论

系统理论是 20 世纪 40 年代末出现的一门综合性学科，它的基本原理是把研究对象看作一个整体，分析其内部结构和功能，研究整体中各个要素的变化规律，并进行系统优化。在此，笔者将分别阐述"系统论的整体性原则"和"系统论的开放性原则"，以梳理系统论和"三全育人"、德育之间的联系，尝试找出实施大学生德育的理论基础。

（一）系统论的整体性原则

系统论的整体性原则是指系统是由多个要素构成的新型整体。多个要素的属性和功能没有独立的元素，因此所显示的属性和功能并不等于各种元素的简单叠加。社会和国家是一个系统，教育也是一个系统，在这个体系中，有学校，有社会，有地方政府，有方方面面，与社会大系统相比，道德只是社会大系统的一个元素。因此，德育需要整合各种资源，协调各方力量，相互参与、相互配合，发挥系统的整体功能。"三全育人"德育模式是将德育系统中的各要素进行整合，使其相互作用形成育人合力，充分发挥系统论的整体性原则，以增强德育的实效性。

（二）系统论的开放性原则

德育系统不再是封闭的。一方面，信息多变的社会环境和网络的传播，使大学生更加便捷地接受各种信息。另一方面，高校培养的人才最终会走向社会，为社会主义现代化服务，促进社会发展。为了使步入社会的大学生更好地适应社会环境，我们必须要将德育教育置于开放、自由、多变的环境中，与社会的发展形成良性互动，增强大学生的社会适应能力，以期增强德育的实效性。

综上所述，系统论的基本思想和方法是把"三全育人"作为一个系统，分析其内部结构，即三个维度之间的相互关系，以优化系统的视角看待问题。开放是系统演化的前提，也是系统稳定的必要条件。在"全过程育人"的整个过程中，教育的所有要素都需要协调和调动，系统的整体功能要发挥，各方面的资源要整合在一起，共同完成。"三全育人"作为一个完整的系统，其内部各要素之间相互联系，对整个系统产生逆向作用力，促使系统产生最大效率，从而提高大学生德育工作的实效性，促进高校德育工作的实施。

八、隐性教育理论

与外显教育相比，隐性教育过程是间接的、含蓄的，使受教育者潜移默化地受到影响。显性教育彰显开放性，在开放的领域，有计划、有目的、有组织地对受教育者实施教育，更加注重教育的方式和形式，隐性教育将教育融入环境中，潜移默化地影响受教育者的思想和行动，促使其身心全面发展，是一种浸入式的学习过程，体现出体验式的学习方式。隐性教育通过校园文化环境、学校生活环境、社会实践环境和家庭教育等形式对大学生间接性地产生影响，并不直接作用于自身。隐性教育有效地弥补了显性教育在德育培养上的缺陷，结合隐性教育的特征，使学生更加全面地接受德育的培养。当然，我们也必须认识到，隐性教育不是孤立存在的，有效补充隐性教育必须以显性教育为依据，隐性教育始终与显性教育同步发展。在分析隐性教育理论的基础上可以发现，高校体育隐性教育的培养主要通过校园体育文化和体育环境产生影响，以间接、隐性的方式进行德育培养，它利用体育环境对大学生进行德育教育，潜在优势大，深层作用更加明显，利用校园场域中的各种体育现象开发大学生内心的德育理念，激发大学生的生理和心理潜力。思想政治教育主要围绕培养学生德智体美劳展开，对学生的政治教育、法律约束、道德培养和身心健康有非常大的引导作用。高校应重视体育中的潜在文化，发挥高校体育的潜在德育因素，做好隐性课程的研究。为了适应大学体育发展的需要，应尽快建立新的隐性课程教育体系，加快高校体育的改革进程。高校体育德育教育应当牢牢地抓住思想政治教育机遇，发掘高校体育隐性教育资源，实现德育培养目的。

综上所述，素质教育理论、人的全面发展理论、终身教育理论、多元智能理论、积极心理学理论、社会文化理论、系统论和隐性教育理论等相关理论为高校体育育人提供了多元化的理论视角和实践指导。这些理论相互补充、相互支撑，共同构成了高校体育育人的完整理论体系。在未来的实践中，高校体育教育应进一步整合这些理论资源，创新育人模式和方法，为培养全面发展的高素质人才贡献更大的力量。同时，这些理论的应用也需要结合实际情况进行灵活调整和优化，确保体育育人的针对性和有效性。

第五节　本章小结

高校体育育人的理论基础是一个多元化、深层次的理论体系，它融合了素质教育理论、人的全面发展理论及其他相关理论，共同构成了高校体育育人的基石。这些理论不仅为高校体育教育提供了明确的目标和方向，还为实践中的教学方法、内容选择、评价体系等提供了有力的指导。

素质教育理论强调高校体育教育应致力于学生的全面发展，注重培养学生的身体素质、心理素质、社会文化素质等，使他们在体育活动中不仅能锻炼身体，还能提升精神境界和人文素养。这种教育理念要求高校体育教育必须尊重学生的主体地位，关注学生的个体差异，因材施教，让每个学生都能在体育活动中找到自己的兴趣点和发展方向。

人的全面发展理论则进一步指出，高校体育教育的目标是促进学生的全面、协调、可持续发展。这包括身体素质的提升、智力的开发、心理素质的培养、道德品质的提升及社会交往能力的提高等多个方面。在这一理论的指导下，高校体育教育应更加注重学生的全面发展，创新育人模式和方法，为培养德智体美劳全面发展的社会主义建设者和接班人贡献自己的力量。

此外，终身教育理论、多元智能理论、积极心理学理论和社会文化理论等相关理论也为高校体育育人提供了重要的理论支撑。这些理论从不同的角度和层面，揭示了高校体育教育的多元价值和深远意义，为实践中的教学创新提供了广阔的空间和可能。

终身教育理论强调高校体育教育应贯穿学生的一生，培养他们终身锻炼的意识和能力；多元智能理论则提倡通过体育活动挖掘和发展学生的多元智能，促进他们的全面发展；积极心理学理论关注学生在体育活动中的积极心理体验和情感表达，有助于培养他们的运动自信和运动快乐；社会文化理论则强调将体育活动置于广阔的社会文化背景下进行理解和解读，培养学生的社会适应能力和团队协作能力。

综合来看，高校体育育人的理论基础是一个多元化、深层次的理论体系，它涵盖了素质教育理论、人的全面发展理论及其他相关理论，为高校体育教育的实践提供了全面的指导和支撑。在未来的发展中，高校体育教育应继续深化理论研究，创新实践模式，为培养全面发展的高素质人才贡献更大的力量。同时，高校体育教育还应加强与其他教育领域的融合与渗透，共同推动全面育人目标的实现。此外，面对新的新挑战和新机遇，高校体育教育还需不断探索和创新实践方式和方法，以更好地适应社会发展和学生需求的变化，为培养高素质人才做出更大的贡献。在这个过程中，高校体育教育工作者应肩负起历史使命和责任担当，不断提升自身的专业素养和教育能力，为高校体育育人事业的发展贡献自己的智慧和力量。

第四章　高校体育育人的目标体系

第一节　确立体育育人的总体目标

在高校教育的宏大背景下，体育育人作为全面发展的重要组成部分，其总体目标的确立显得尤为关键。这一总体目标不仅指引着高校体育的发展方向，还是衡量体育教育成效的重要标准。

一、高校体育育人的总体目标应致力于培养学生的身心健康

体育作为身心并重的教育活动，其首要任务就是提升学生的身体素质，预防疾病，促进健康。通过科学、系统的体育教学和锻炼，学生能够掌握基本的运动技能，形成良好的锻炼习惯，从而在日常生活中保持健康的体态和充沛的精力。同时，体育活动还具有调节情绪、缓解压力的作用，有助于学生的心理健康发展。

二、培养学生的团队协作精神和竞争意识也是体育育人的重要目标

在体育活动中，学生需要与他人密切合作，共同完成任务，这不仅能够锻炼他们的团队协作能力，还能够培养他们的集体荣誉感和责任感。同时，体育竞赛中的竞争元素也能够激发学生的斗志和进取心，让他们在竞争中学会坚持与拼搏，为未来的社会竞争打下坚实的基础。

三、高校体育育人还应注重培养学生的创新能力和实践能力

体育活动本身就是一种实践性极强的活动，学生在参与的过程中需要

不断尝试、探索和创新。高校体育教育应鼓励学生勇于尝试新事物，敢于挑战自我，培养他们的创新意识和实践能力。通过组织各种创新性的体育活动和竞赛，学生可以充分发挥自己的想象力和创造力，将理论知识与实践相结合，提升自己的综合素质。

四、培养学生的社会适应能力和终身锻炼意识也是体育育人的重要任务

高校体育教育应帮助学生了解社会规范和文化习俗，提高他们的社会适应能力，使他们能够更好地融入社会。同时，通过传授科学的锻炼方法和健康的生活方式，高校体育教育还应引导学生树立终身锻炼的意识，将体育锻炼内化为日常生活的一部分，为未来的健康生活奠定坚实的基础。

综上所述，高校体育育人的总体目标应涵盖身心健康、团队协作与竞争能力、创新与实践能力及社会适应能力与终身锻炼意识等多个方面。这些目标相互关联、相互促进，共同构成了高校体育育人的完整目标体系。在未来的实践中，高校体育教育应紧紧围绕这些目标开展教学活动，不断创新教学方法，为培养全面发展的高素质人才贡献自己的力量。同时，高校体育教育还应加强与其他教育领域的沟通与协作，共同推动全面育人目标的实现。

第二节　分解具体目标与任务

在高校体育育人的总体目标确立之后，为确保目标的实现，必须对其进行细化和分解，形成具体可操作的目标与任务。这些目标与任务是高校体育教育工作的指南，也是评估体育育人成效的重要依据。

一、身心健康目标的任务分解

体育教育在高校中占据举足轻重的地位，它不仅关乎学生身体素质的提升，更关系到学生的身心健康与全面发展。体育育人的核心理念在于促进学生的身心健康，这一目标的实现需要一系列科学、系统的教学任务和措施作

为支撑。

首先，制订科学的体育锻炼计划是高校体育教育的首要任务。每个学生都是独一无二的个体，他们的身体条件、兴趣爱好和体能水平各不相同。因此，体育教育应针对每个学生的特点，制订个性化的锻炼计划，确保每个学生都能参与到适合自己的体育活动中。这不仅有助于提升学生的身体素质，还能培养他们的运动兴趣和习惯，为未来的健康生活打下坚实基础。

其次，定期开展体质健康测试是了解学生身体状况的重要途径。通过定期的身体检查，教师可以了解每个学生的身体状况，发现潜在的健康问题，从而制订和采取更有针对性的教学计划和干预措施。同时，体质健康测试还能为学生提供自我认知的机会，让他们更加了解自己的身体状况，从而更有针对性地进行锻炼。

最后，加强心理健康教育是高校体育教育不可或缺的一环。在现代社会中，学生面临着巨大的学习压力和心理挑战。通过体育活动，学生可以释放压力，调整心态，培养积极乐观的人生观和价值观。因此，高校体育教育应融入心理健康教育的元素，通过丰富多样的体育活动，帮助学生建立健康的心态，提升心理适应能力。

二、团队协作与竞争能力目标的任务分解

在体育教育领域，团队协作与竞争能力是不可或缺的两个要素。它们不仅能够锻炼学生的身体素质，还能培养他们在人生道路上的各种重要品质。为此，高校体育教育应该肩负起以下两项重要任务，以全面实现体育育人的目标。

首先，高校体育教育应致力于创设多样化的团队协作情境。通过组织各种团队运动项目，如足球、篮球、排球等，让学生在体育活动中学会与他人合作，培养团队精神。在团队运动中，每个学生都需要发挥自己的特长，同时也要学会倾听和尊重他人的意见，共同为团队的胜利而努力。这样的经历不仅能够让学生体验到合作的乐趣，还能培养他们的沟通、协调、领导等综合能力。

其次，高校体育教育应组织各类体育竞赛，激发学生的竞争意识。竞

争是体育运动的本质，也是锻炼学生意志力、抗压能力和应变能力的有效途径。通过参加各种体育竞赛，学生可以在激烈的对抗中挑战自己的极限，学会如何在压力下保持冷静和专注。同时，竞赛还能培养学生的团队合作精神，让他们明白只有团结一心、共同努力，才能在竞争中取得胜利。

然而，值得注意的是，竞争并不意味着不择手段、忽视公平公正。因此，高校体育教育在强调竞争的同时，也要引导学生正确地理解竞争与合作的关系。在竞赛中，尊重对手、遵守规则、保持公平公正的态度同样重要。只有这样，竞争才能成为推动个人和团队进步的动力，而不是导致矛盾和冲突的根源。

为了实现这一目标，高校体育教育可以通过课堂讲解、案例分析、角色扮演等多种方式，向学生传授正确的竞争观念。同时，教师还应该在实践中以身作则，用自己的行为示范如何尊重对手、保持公平公正的态度。此外，学校还可以定期举办体育道德风尚奖等评选活动，表彰那些在竞赛中表现出色的团队和个人，以树立正面的榜样。

三、创新与实践能力目标的任务分解

随着科技的飞速发展和社会的日新月异，社会对人才的需求已经发生了深刻的变化。创新与实践能力成了衡量一个人才是否合格的重要标准。作为培养未来社会栋梁的高校，体育教育在这一过程中扮演着举足轻重的角色。本研究将从以下三个方面探讨高校体育教育如何更好地培养学生的创新与实践能力。

（一）鼓励学生参与体育活动的创意策划与组织

在传统的高校体育教育中，学生往往只是被动地接受知识和技能的学习，缺乏主动性和创造性。为了培养学生的创新与实践能力，高校体育教育应该鼓励学生积极参与体育活动的创意策划与组织。通过组织各种形式的体育竞赛、活动和文化节，让学生担任策划者、组织者和参与者的角色，从而激发他们的想象力和创造力。例如，可以设立"体育创新大赛"，鼓励学生自由组队，发挥创意，策划并组织具有特色的体育活动。这样的活动不仅能够锻炼学生的组织协调能力，还能够培养他们的团队合作精神和创新能力。

（二）引入创新性的教学方法

为了更好地激发学生的学习兴趣和积极性，高校体育教育应该引入创新性的教学方法。首先，可以利用现代科技辅助设备进行体育教学，如虚拟现实、智能穿戴设备等，让学生在更加真实、生动的环境中学习体育知识和技能。其次，可以开展线上线下相结合的体育教学，利用网络平台为学生提供丰富的学习资源和互动机会。例如，可以开发一款集教学、互动、娱乐于一体的体育App，让学生在手机上就能随时随地进行体育学习。同时，教师还可以通过App与学生进行实时互动，解答疑问，提供指导。这样的教学方式不仅能够提高学生的学习效率，还能培养他们的自主学习能力和创新精神。

（三）提供丰富的实践机会

实践是检验真理的唯一标准。为了培养学生的实践能力和解决问题的能力，高校体育教育应该提供丰富的实践机会。首先，可以组织校内外体育赛事，让学生在实际比赛中锻炼自己的技能和团队协作能力。其次，可以开展社会体育实践，如参与社区体育活动、支教等，让学生在社会实践中提高自己的综合素质。例如，可以与当地社区合作，开展"阳光体育进社区"活动，让学生担任教练或志愿者的角色，为社区居民提供体育指导和帮助。这样的活动不仅能够锻炼学生的组织协调能力，还能培养他们的社会责任感和奉献精神。

四、社会适应能力与终身锻炼意识目标的任务分解

社会适应能力和终身锻炼意识是体育教育追求的两大核心目标。对于高校体育教育而言，这不仅是教育任务，还是对学生未来生活质量的投资。为了有效地实现这一目标，高校体育教育需要采取一系列细致入微的措施。

（一）深化社会适应能力的培养

社会适应能力的培养是体育教育的重要组成部分。通过体育教育，学生不仅能够锻炼身体，还能培养团队协作、沟通交流等社会适应能力。为了实现这一目标，高校体育教育需要做好以下3项工作。

1.加强体育文化熏陶

通过组织观看体育赛事、举办体育讲座等方式，让学生深入了解体育文

化的内涵和价值，增强他们对体育的认同感和归属感。

2. 培养团队协作能力

通过组织团体运动项目，如篮球、足球等，让学生在实践中学会团队协作、沟通交流，提高他们在团队中的适应能力。

3. 注重心理素质培养

通过心理训练、模拟比赛等方式，帮助学生提高心理承受能力，增强他们在面对挫折和困难时的应对能力。

（二）强化终身锻炼意识的培养

终身锻炼意识的培养对学生个体的健康和生活质量具有重要意义。高校体育教育应当将培养终身锻炼意识作为重要任务之一，并通过以下3个措施加以实现。

1. 教授科学的锻炼方法

通过专业的教学，让学生掌握科学的锻炼方法和技巧，学会根据自身身体状况和需求制订合适的锻炼计划。

2. 培养健康生活方式

通过课堂讲解、实践体验等方式，引导学生树立健康的生活方式，包括合理饮食、规律作息、适度运动等，为他们的长远发展奠定基础。

3. 激发锻炼兴趣

通过组织和创办多样化的体育活动和俱乐部，让学生找到自己喜欢的运动项目，激发他们的锻炼兴趣，培养终身锻炼的习惯。

（三）实施策略与路径

为了实现上述目标，高校体育教育可以采取以下4个策略与路径。

1. 创新体育教学方法

采用多元化的教学方法，如游戏化教学、情景模拟等，提高学生的学习兴趣和参与度。

2. 加强师资队伍建设

加大对体育教师的培训和引进力度，提高他们的专业素养和教学能力，确保教学质量。

3.完善体育设施

加大对体育设施的投入和建设力度，为学生提供更好的锻炼环境和条件。

4.建立评价与激励机制

建立科学的评价体系和激励机制，将社会适应能力和锻炼习惯纳入评价范围，鼓励学生积极参与体育锻炼。

综上所述，高校体育育人的具体目标与任务涵盖了身心健康、团队协作与竞争能力、创新与实践能力及社会适应能力与终身锻炼意识等多个方面。这些目标与任务的细化和分解有助于高校体育教育工作的具体化和可操作化，为培养全面发展的高素质人才提供了清晰的路径和有力的支撑。在未来的实践中，高校应紧紧围绕这些目标与任务开展体育教育工作，不断创新教学方法，为实现体育育人的总体目标贡献自己的力量。

第三节 目标体系与高校整体教育目标的协调

高校教育致力于培养德智体美劳全面发展的社会主义建设者和接班人。体育作为高校教育的重要组成部分，其目标体系必须与高校整体教育目标相协调，共同服务于学生的全面发展。

一、体育育人目标与高校整体教育目标的内在联系

高校的整体教育目标是培养具有社会责任感、创新精神和实践能力的高素质人才。体育育人的目标体系包括身心健康、团队协作与竞争能力、创新与实践能力及社会适应能力与终身锻炼意识等方面，与高校整体教育目标具有紧密的内在联系。

首先，身心健康是学生学习、生活和未来工作的基础，也是高校教育的基本要求。体育通过锻炼提升学生的身体素质，促进学生的心理健康，为学生的全面发展提供坚实的身心基础。

其次，团队协作与竞争能力是现代社会对人才的重要要求。体育活动中

的团队合作和竞争有助于培养学生的协作精神和竞争意识，提升他们在未来社会中的竞争力。

再次，创新与实践能力是高校教育的重要培养目标。体育活动中的创新元素和实践机会有助于激发学生的创造力和实践能力，为他们的未来发展注入活力。

最后，社会适应能力与终身锻炼意识是体育育人的长远目标，也是高校教育的重要延伸。通过体育教育，学生能够更好地适应社会规范和文化习俗，树立终身锻炼的意识，为未来的健康生活奠定基础。

二、体育育人目标与高校整体教育目标的协调策略

为确保体育育人目标与高校整体教育目标的协调一致，需要采取以下五个策略。

（一）制订全面的教育规划

将体育育人目标纳入高校整体教育规划，确保体育教育与其他教育领域的协调发展。在制订教育规划时，应充分考虑体育教育的特点和需求，为体育育人目标的实现提供充足的资源和支持。

（二）加强跨学科合作

鼓励体育教育与其他学科的交流与合作，共同开发跨学科课程和活动。通过跨学科的合作，可以将体育育人的理念和方法融入其他学科的教学，实现教育目标的互补与协同。

（三）注重学生的个体差异

在体育教育中，应关注学生的个体差异和需求，因材施教。通过个性化的教学计划和辅导，可以确保每个学生都能在体育活动中获得全面的发展，实现与高校整体教育目标的有机统一。

（四）强化实践环节

在体育教育中增加实践环节，为学生提供更多的实践机会。通过参与各类体育赛事、社会体育实践等活动，学生可以更好地将理论知识与实践相结合，提升自己的综合素质和能力。

（五）建立完善的评价体系

构建科学、全面的评价体系，对体育育人的成效进行客观、准确的评估。在评价过程中，应注重学生的全面发展、团队协作与竞争能力、创新与实践能力等方面的表现，为改进教学方法和策略提供依据。

三、体育育人目标与高校整体教育目标的未来展望

随着社会的不断发展和教育改革的深入推进，体育育人在高校教育中的地位和作用将更加凸显。未来，体育育人目标与高校整体教育目标的协调将呈现以下四个趋势。

（一）更加注重学生的全面发展

体育育人将更加注重学生的身心健康、道德品质、文化素养等方面的全面发展，与高校整体教育目标形成更加紧密的衔接。

（二）更加强调跨学科融合

体育教育将与其他学科进行更深度的融合与合作，共同开发更具创新性和实践性的课程和活动，促进学生的全面发展。

（三）更加关注学生的个性化需求

体育教育将更加注重学生的个性化需求和发展差异，提供更具针对性的教学计划和辅导服务，确保每个学生都能在体育活动中获得全面的发展。

（四）更加重视实践与创新能力的培养

体育教育将更加注重实践环节和创新元素的设计与实施，为学生提供更多的实践机会和创新挑战，激发他们的创造力和实践能力。

综上所述，高校体育育人的目标体系与高校整体教育目标具有紧密的内在联系。通过制订全面的教育规划、加强跨学科合作、注重学生的个体差异、强化实践环节及建立完善的评价体系等措施，可以确保体育育人目标与高校整体教育目标的协调一致，共同服务于学生的全面发展。展望未来，随着教育改革的深入推进和社会发展的不断变化，体育育人在高校教育中的地位和作用将更加重要和突出。

第四节　目标体系实施策略

一、加强体育课程建设，优化教学内容和方法

加强体育课程建设，优化教学内容和方法，是高校体育育人工作的重要组成部分。随着教育改革的不断深入和体育事业的快速发展，高校体育课程建设面临着新的机遇和挑战。为了全面提升学生的身心健康水平，培养学生的体育兴趣、体育技能和体育精神，高校必须加强体育课程建设，从教学内容和方法上进行全面优化。

在体育课程建设方面，高校应注重课程体系的系统性和完整性。体育课程不应仅局限于传统的体育项目教学，还应包括体育理论、体育健康、体育文化等多方面的内容。通过构建科学、全面的课程体系，可以为学生提供更加丰富的体育学习资源，满足学生多样化的学习需求。同时，高校还应根据社会发展和学生特点，不断更新和完善课程内容，确保体育课程的时效性和针对性。

在教学内容上，高校应注重基础与提高相结合。一方面，要加强对学生基本体育技能和运动知识的教学，为学生打下坚实的体育基础。另一方面，要注重提高学生的运动表现和运动成绩，通过专业化的训练和个性化的指导，帮助学生挖掘潜力、提升水平。此外，还应注重培养学生的自主学习和终身锻炼的能力，教授学生科学的锻炼方法和健康的生活方式，使他们在走出校园后依然能够保持良好的体育锻炼习惯。

在教学方法上，高校应积极引入现代化的教学手段和技术。传统的体育教学方法往往注重教师的示范和学生的模仿，忽视了学生的主体性和创新性。为了激发学生的学习兴趣和积极性，高校应采用更加灵活多样的教学方法，如多媒体教学、网络教学、游戏教学等。这些现代化的教学手段不仅可以使体育教学更加生动、形象、直观，还可以为学生提供更加广阔的学习空间和更加丰富的学习资源。同时，高校还应注重培养学生的实践能力和创新精神，通过组织各种体育竞赛、社团活动、社会实践等，让学生在实践中锻

炼自己、提升自己。

除此之外，高校还应加强体育课程评价体系的建设。科学的评价体系是检验体育课程建设成果的重要手段。高校应建立完善的体育课程评价体系，从知识技能、身心健康、学习态度、合作精神等多个方面对学生的体育学习情况进行全面、客观、公正的评价。同时，还应注重对教师的教学质量进行评价和反馈，帮助教师及时发现和改进教学中存在的问题和不足。

二、加大体育设施投入，改善体育教学和锻炼条件

加大体育设施投入，改善体育教学和锻炼条件，是高校提升体育育人质量、促进学生身心健康全面发展的重要举措。随着社会的进步和教育的发展，高校体育教学和锻炼条件已经成为衡量一所学校教育质量的重要指标之一。因此，高校必须高度重视体育设施的建设和投入，为学生提供更加优质、便捷的体育教学和锻炼环境。

体育设施是高校开展体育教学和体育活动的基础保障。加大体育设施投入，首先要注重场地和器材的建设。高校应根据学生人数和体育项目需求，合理规划和建设各类运动场地，如足球场、篮球场、羽毛球馆等，确保学生有足够的运动空间。同时，要购置充足的体育器材和设备，满足学生多样化的运动需求。这些器材和设备不仅要数量充足，还要质量可靠、安全实用，确保学生在使用过程中的安全。

在加大体育设施投入的同时，高校还应注重设施的更新和维护。随着科技的不断进步和体育器材的不断更新换代，高校应及时更新陈旧的体育设施，引进先进的体育器材和设备，提高体育教学和锻炼的科技含量和效果。同时，要加强对体育设施的日常维护和保养，确保设施的正常运转和使用寿命，降低维修和更换的成本。

改善体育教学和锻炼条件，还需要高校注重环境建设和文化氛围的营造。优美的校园环境和浓厚的体育文化氛围能够激发学生的运动热情，提高他们的参与度和归属感。因此，高校应加强校园绿化、美化工作，打造宜人的运动环境。同时，要通过举办各种体育赛事、体育文化活动等，营造浓厚的校园体育文化氛围，让学生在参与中感受体育的魅力，培养对体育的热爱

和兴趣。

此外，高校在加大体育设施投入的同时，还应注重资源的共享和开放。一方面，要加强与周边社区、企事业单位等的合作与交流，实现体育资源的共享和互利共赢。另一方面，要积极向社会开放校园体育设施，满足广大市民的运动需求，提高体育设施的社会效益和利用率。

三、加强师资队伍建设，提高教师的专业素养和教学能力

加强师资队伍建设，提高教师的专业素养和教学能力，是高校体育育人工作的关键环节。教师作为高校体育教学的主导者和实施者，其专业素养和教学能力直接关系到学生的体育学习效果和身心健康发展。因此，高校必须高度重视师资队伍建设，采取有效措施提升教师的专业素养和教学能力，为培养高质量的体育人才提供坚实保障。

教师的专业素养是高校体育教学质量的根本保证。随着体育科学的不断发展和教育改革的深入推进，高校体育教学对教师专业素养的要求越来越高。因此，高校应注重教师的专业学习和培训，定期组织教师参加各类学术研讨、教学观摩等活动，拓宽教师的学术视野和教学思路。同时，鼓励教师积极投身体育科研和教改实践，不断提升自身的学术水平和教学能力。通过专业学习和实践锻炼，教师可以更加准确地把握体育教学的规律和特点，更加科学地设计教学内容和方法，从而提升体育教学的针对性和实效性。

教学能力是评价高校教师工作的重要标准之一。在高校体育教学中，教师应具备扎实的教学基本功和灵活多样的教学方法。为了提高教师的教学能力，高校可以组织开展各类教学技能比赛、教案设计大赛等活动，激发教师提升教学能力的积极性和主动性。同时，建立完善的教师教学评价和反馈机制，通过学生评教、同行评议等方式，全面客观地了解教师的教学情况和教学效果，为教师改进教学方法、提高教学质量提供有力支持。此外，高校还应鼓励教师积极参与国内外的教学交流活动，学习借鉴先进的教学理念和教学方法，不断提升自身的教学水平。

除了专业素养和教学能力，教师的职业道德和育人意识也是高校体育育人工作不可或缺的重要方面。教师作为学生的引路人和楷模，其言谈举止对

学生的成长和发展具有深远影响。因此，高校应加强教师的师德师风建设，引导教师树立正确的教育观、学生观和质量观，全身心投入体育育人事业。同时，强化教师的育人意识和责任担当，鼓励教师在体育教学中注重德育渗透和情感教育，关注学生的全面发展和个性需求，帮助学生树立正确的世界观、人生观和价值观。

四、开展丰富多彩的体育活动，激发学生的参与热情

开展丰富多彩的体育活动，激发学生的参与热情，是高校体育育人工作的重要手段之一。体育活动不仅能够锻炼学生的身体，提高他们的身体素质和运动技能，还能够培养学生的团队合作精神、竞争意识和坚韧不拔的意志品质。因此，高校应该积极组织各种形式的体育活动，让学生在参与中感受体育的魅力，激发他们的运动热情，促进他们的全面发展。

高校可以根据学生的兴趣爱好和特长，开设多样化的体育课程和俱乐部活动。例如，足球、篮球、羽毛球、乒乓球等球类运动，可以满足不同学生的运动需求；瑜伽、舞蹈、健身等时尚运动，可以吸引更多学生参与；户外拓展、定向越野等挑战性运动，可以锻炼学生的意志品质和团队协作能力。此外，高校还可以邀请体育明星、专家来校开展讲座、指导等活动，与学生互动交流，激发学生的运动梦想和追求。

在体育活动的设计上，高校应该注重活动的趣味性和互动性。传统的体育教学往往注重技能训练和竞技比赛，容易让学生感到枯燥无味。因此，高校可以通过创新活动形式和内容，增加体育活动的趣味性和互动性，让学生在轻松愉悦的氛围中参与体育活动。例如，可以组织趣味运动会、体育嘉年华等活动，设置各种有趣的比赛项目和游戏环节，让学生在比赛中感受运动的乐趣；还可以开展体育文化交流活动，让学生了解不同国家和地区的体育文化，拓宽他们的视野和经历。

此外，高校还应该注重体育活动的全员性和普及性。体育活动不应该只是少数体育特长生的专属，而应该面向全体学生，让每个学生都有机会参与体育活动，享受运动的快乐。因此，高校应该积极推广校园体育活动，加强对学生体育活动的宣传和组织力度，让更多的学生了解并参与到体育活动

中。同时，高校还应该建立完善的体育活动评价体系和激励机制，对表现突出的学生和团队进行表彰和奖励，进一步激发学生的参与热情和积极性。

在体育活动的组织实施过程中，高校还应该注重活动的安全性和规范性。体育活动具有一定的风险性，高校应该加强对学生的安全教育和保护措施，确保活动的安全有序进行。同时，高校还应该建立健全的体育活动管理制度和规范操作流程，确保活动的公平、公正和规范化。

五、加强与家庭、社会的合作，形成体育育人合力

加强与家庭、社会的合作，形成体育育人合力，是提升体育教育质量、促进学生身心健康全面发展的重要途径。家庭、学校和社会是学生成长的三大环境，它们在学生体育教育中各自扮演着不可或缺的角色。因此，高校应积极地与家庭和社会建立紧密的合作关系，共同营造有利于学生体育发展的良好环境。

家庭是学生成长的摇篮，家长的言传身教对学生的体育态度和习惯养成具有潜移默化的影响。高校应通过家长会、家访等形式，加强与家长的沟通交流，让家长了解学校的体育教育理念和教学计划，引导家长树立正确的体育教育观念，鼓励家长在日常生活中与孩子共同参与体育活动，培养孩子的运动兴趣和习惯。同时，高校还可以利用现代信息技术手段，建立家长与学校之间的互动平台，及时分享学生的体育学习情况和进步，征求家长的意见和建议，共同促进学生的体育发展。

社会是学生体育教育的重要资源和实践平台。高校应积极与社区、企事业单位等建立合作关系，共同开展丰富多彩的体育活动和竞赛，为学生提供更多的实践机会和展示平台。通过与社区的合作，高校可以将体育课堂延伸到社区，让学生在社区中感受体育的魅力和价值。与企事业单位的合作，则可以为学生提供实习、实训等机会，让学生在实践中提升体育技能和团队协作能力。此外，高校还可以邀请社会体育专家、优秀运动员等进校园，与学生进行互动交流，分享体育经验和心得，激发学生的运动梦想和追求。

在与家庭和社会的合作中，高校还应注重资源整合和优势互补。家庭、学校和社会在体育教育方面各有优势，高校应充分发挥自身的专业优势和教

育资源，同时积极整合家庭和社会的资源，形成体育育人合力。例如，高校可以利用自身的师资和场地优势，为家庭和社会提供体育培训和指导服务；家庭和社会则可以为学生提供实践机会和资金支持等。通过资源整合和优势互补，我们可以共同为学生的体育发展创造更加优越的条件和环境。

此外，高校在与家庭和社会的合作中还应注重长效机制和制度保障的建设。合作关系的建立和维护需要长期的努力和坚持，高校应制订完善的合作计划和实施方案，明确各方的责任和义务，确保合作关系的稳定和持久。同时，高校还应建立健全的评价机制和反馈机制，及时总结合作经验和成果，发现问题和不足并加以改进和完善。

第五节　本章小结

在深入探讨了高校体育育人的目标体系之后，发现这一体系不仅是对传统体育教育的继承与发展，更是对高校教育目标的具体化和延伸。体育，作为高校教育的重要组成部分，其育人功能被赋予了更加丰富的内涵和更高的期望。

本章从体育育人的总体目标出发，详细阐述了身心健康、团队协作与竞争能力、创新与实践能力及社会适应能力与终身锻炼意识等具体目标，并将这些目标与高校整体教育目标进行了紧密的结合与协调。通过这一体系，我们可以清晰地看到体育教育在促进学生全面发展中的重要作用，以及它与其他教育领域的内在联系和互补性。

身心健康是体育育人的基础，也是高校教育的底线。在快节奏的现代生活中，学生面临着来自学业、就业、人际等多方面的压力，身心健康问题日益突出。因此，通过科学的体育教学和锻炼，提升学生的身体素质，培养他们的健康生活方式和积极心态，成为体育育人的首要任务。

团队协作与竞争能力的培养，则是体育育人的另一重要目标。在激烈的社会竞争中，个人的力量往往是有限的，而团队的力量则是无穷的。体育活动中的团队合作和竞赛，为学生提供了锻炼协作精神和竞争意识的平台，可以帮助他们在实践中学会与人合作、与人沟通、与人竞争，为未来的社会竞争打下坚实的基础。

创新与实践能力是对人才的新要求，也是高校教育的新使命。在传统的观念中，体育可能更多地被看作是锻炼身体的手段，而忽视了其在培养创新精神和实践能力方面的潜力。然而，体育教育正努力打破这一固有印象，通过引入创新性的教学方法，提供丰富的实践机会，激发学生的创造力和实践能力，为他们的未来发展注入新的活力。

社会适应能力与终身锻炼意识的培养，则是体育育人的长远目标。高校教育不仅是一个传授知识、培养技能的过程，还是一个帮助学生完成从校园到社会过渡的过程。在这个过程中，体育教育扮演着重要的角色。通过帮助学生了解社会规范和文化习俗，提高他们的社会适应能力；通过传授科学的锻炼方法和健康的生活方式，引导他们树立终身锻炼的意识；体育教育不仅影响着学生在校期间的成长与发展，更将伴随他们一生，成为他们未来生活中不可或缺的一部分。

综上所述，高校体育育人的目标体系是一个全面、系统、科学的体系，它涵盖了身心健康、团队协作与竞争能力、创新与实践能力及社会适应能力与终身锻炼意识等多个方面。这一体系不仅与高校整体教育目标相协调，更是对高校体育教育的新要求和新挑战的具体回应。在未来的实践中，我们应以这一目标体系为指导，不断创新体育教育的理念和方法，为培养全面发展的社会主义建设者和接班人贡献自己的力量。

第五章　高校体育育人的实践策略

第一节　课程设置与教学方法改革

为了更好地适应时代发展的需要，培养具有创新精神和实践能力的高素质人才，高校必须对体育课程设置与教学方法进行深入的改革。本章将详细探讨高校体育育人的课程设置与教学方法改革策略。

一、课程设置的改革

（一）构建多元化的课程体系

构建多元化的课程体系是高校体育育人的重要实践策略之一。随着教育改革的不断深入和体育科学的持续发展，传统的单一化体育课程模式已无法满足学生多样化的体育需求。因此，高校必须积极构建多元化的课程体系，从课程内容、教学方法、评价方式等多个维度出发，为学生提供更加丰富、多样的体育学习体验，以促进学生身心健康和全面发展。

在课程内容方面，多元化的课程体系应涵盖广泛的体育项目，既包括传统的球类、田径等竞技性项目，也包括健身、瑜伽、舞蹈等大众喜爱的健身休闲项目。此外，还应引入民族传统体育项目，如武术、太极拳等，以及新兴体育项目，如攀岩、滑板等，以满足不同学生的兴趣和需求。同时，课程内容应注重理论与实践的结合，融入体育人文知识、运动生理学、运动营养学等相关知识，帮助学生全面了解体育的内涵和价值。

在教学方法上，多元化的课程体系应采用灵活多样的教学手段和模式。除了传统的讲解示范和练习，还应引入游戏化教学、小组合作学习、案例分析等现代教学方法，以激发学生的学习兴趣和积极性。同时，应充分利用现代信息技术手段，如多媒体教学、在线课程等，为学生提供更加便捷、高效的学习途径。此外，还应注重课内与课外的有机结合，鼓励学生参与课外体育活动和竞赛，培养学生的自主学习能力和终身锻炼习惯。

在评价方式方面，多元化的课程体系应采用多元化的评价标准和方法。传统的以竞技成绩为主的评价方式已无法全面反映学生的体育素养和能力，因此应引入过程性评价、表现性评价等多元评价方式，关注学生的进步和发展。同时，应注重评价主体的多元化，包括教师评价、学生自评与互评等，以提供更加客观、全面的评价信息。此外，还应建立激励机制，对表现优秀的学生和团队给予表彰和奖励，以进一步激发学生的参与热情和学习动力。

构建多元化的课程体系还需要高校加强师资队伍建设、完善教学设施等方面的工作。高校应加大对体育教师的培训力度，提高他们的专业素养和教学能力；同时加强体育设施建设和管理，为学生提供充足的运动场地和器材。此外，高校还应加强与家庭、社会的合作与交流，共同营造有利于学生体育发展的良好环境。

总之，构建多元化的课程体系是高校体育育人的重要实践策略之一。通过丰富多样的课程内容、灵活多样的教学方法和多元化的评价方式等措施的实施，我们可以为学生提供更加优质、全面的体育教育服务。这将有助于培养学生的体育兴趣、提高学生的运动技能水平、增强学生的身体素质和心理素质等方面的能力；同时也有助于促进学生的全面发展和社会适应能力的提升。因此，高校应高度重视多元化课程体系的构建工作并不断完善和优化相关措施以推动体育育人事业持续健康发展。

（二）强调课程的综合性和交叉性

强调课程的综合性和交叉性是高校体育育人实践策略中的核心要素。随着教育理念的更新和体育科学的进步，高校体育课程不再局限于单一的运动技能传授或体能训练，而是更加注重课程的综合性和交叉性，以全面提升学生的体育素养和综合能力。

课程的综合性体现在体育与其他学科的有机融合上。高校体育课程应打破传统学科壁垒，积极与教育学、心理学、生理学、医学等相关学科进行交叉融合，形成跨学科的课程体系。例如，通过引入运动生理学的知识，帮助学生了解运动对身体的影响；结合心理学的内容，培养学生的运动自信心和意志力；融入医学健康理念，教授学生科学锻炼的方法和预防运动损伤的技巧。这种综合性的课程设计能够使学生从多个角度全面认识体育，提升他们的综合素养和认知水平。

同时，课程的交叉性还体现在不同运动项目之间的融合与互补上。传统的体育课程往往按照运动项目进行分类教学，而高校体育课程则更加注重不同运动项目之间的交叉融合。例如，将篮球与跆拳道相结合，让学生在运动中既锻炼身体素质，又培养团队协作和自我保护能力；将瑜伽与舞蹈融合起来，让学生在舒缓身心的同时，提升身体协调性和艺术美感。这种交叉性的课程设计不仅能够激发学生的学习兴趣和创造力，还能够培养他们的多元化发展能力和适应社会需求的综合素质。

强调课程的综合性和交叉性还需要高校体育教师具备跨学科的知识结构和教学能力。高校应加强对体育教师的培训和引进力度，鼓励他们积极学习相关学科知识，提升跨学科教学能力。同时，高校还应建立跨学科的教学团队和合作机制，促进体育教师与其他学科教师的交流与合作，共同开发综合性的体育课程和教学资源。

此外，强调课程的综合性和交叉性也需要高校建立完善的课程评价体系和激励机制。高校应制定科学的课程评价标准和方法，从多个维度全面评价学生的体育学习效果和综合素质提升情况。同时，建立激励机制，对在综合性、交叉性体育课程中表现优秀的学生和教师给予表彰和奖励，进一步推动课程的综合性和交叉性发展。

总之，强调课程的综合性和交叉性是高校体育育人实践策略中的重要内容。通过加强跨学科融合、促进不同运动项目之间的交叉互补、提升教师的跨学科教学能力、建立完善的课程评价体系和激励机制等措施的实施，可以为学生提供更加丰富、多样的体育学习体验，全面提升他们的体育素养和综合能力。同时，这将有助于培养更多具备创新精神、团队协作能力和社会适应能力的优秀人才。

（三）注重课程的实践性和创新性

注重课程的实践性和创新性是高校体育育人实践策略中的两大重要支

柱。随着社会的快速发展和教育改革的不断深入，高校体育课程亟须与时俱进，以更加实践和创新的方式培养学生的体育素养和综合能力，为他们未来的全面发展奠定坚实的基础。

实践性是高校体育课程不可或缺的重要特征。体育课程本身就是一门以身体活动为主要手段的实践课程，因此注重实践性是体育课程的应有之义。具体而言，高校体育课程应加大实践教学的比重，通过丰富多样的实践活动，让学生在亲身体验中感受体育的魅力，提升运动技能。例如，可以组织校内外的体育竞赛、运动训练营、户外拓展等活动，让学生在实战中锻炼团队协作、竞技拼搏的能力。同时，高校体育课程还应注重与日常生活的紧密联系，教授学生实用的运动技能和健康知识，帮助他们养成良好的运动习惯和生活方式。

创新性则是高校体育课程适应时代发展的必然要求。在信息化、智能化的时代背景下，高校体育课程必须不断创新，以满足学生多样化的学习需求和社会对人才的新要求。创新性的体育课程应打破传统的教学模式和内容限制，引入新的教学理念和方法。例如，可以利用现代信息技术手段开发在线体育课程、虚拟仿真实训系统等，为学生提供更加便捷、高效的学习体验；可以尝试将体育与艺术、科技等领域相结合，开发创意体育课程和项目，培养学生的创新思维和跨学科能力。此外，创新性的体育课程还应鼓励学生积极参与课程设计和实施过程，充分发挥他们的主体性和创造性，培养他们的自主学习和终身学习能力。

当然，注重课程的实践性和创新性并非一蹴而就的事情，需要高校从多个方面入手加以推进。首先，高校应加强对体育教师的培训和管理，提高他们的专业素养和实践创新能力；其次，高校应加大对体育课程建设和改革的投入力度，为课程的实践性和创新性提供必要的物质条件和制度保障；最后，高校还应积极营造良好的校园体育文化氛围，为体育课程的实践性和创新性提供有力的文化支撑。

总之，注重课程的实践性和创新性是高校体育育人实践策略中的重要内容。通过加强实践教学、引入新的教学理念和方法、鼓励学生参与课程设计等方式的实施，我们可以为学生提供更加优质、全面的体育教育服务。这将有助于培养学生的体育兴趣、提高运动技能水平、增强身体素质和心理素质等方面的能力，同时也有助于促进学生的全面发展和社会适应能力的提升。因此，高校应高度重视体育课程的实践性和创新性建设，并不断完善和优化相关措施以推动体育育人事业持续健康发展。

二、教学方法的改革

（一）采用多样化的教学方法

采用多样化的教学方法是高校体育育人实践策略中的关键环节。随着教育理念的更新和技术的进步，传统单一的教学方法已经无法满足现代高校体育教学的需求。因此，高校必须积极探索和采用多样化的教学方法，以激发学生的学习兴趣，提高教学效果，实现体育育人的目标。

多样化的教学方法包括但不限于游戏化教学、小组合作学习、案例教学、翻转课堂等。游戏化教学通过设计富有趣味性和挑战性的体育游戏，让学生在轻松愉快的氛围中掌握运动技能，培养团队合作精神和竞争意识。小组合作学习则注重学生之间的互动与合作，让学生在小组内共同完成任务，锻炼沟通能力和解决问题的能力。案例教学通过引入真实的体育案例，让学生在分析、讨论中深入理解体育理论和实践，提升批判性思维和创新能力。翻转课堂则是一种将传统课堂内外活动颠倒的教学模式，学生在课前通过在线资源自主学习，课堂上则与教师和同学进行深入探讨和实践，这种模式有助于培养学生的自主学习能力和探究精神。

采用多样化的教学方法还需要高校体育教师具备相应的教学能力和素养。高校应加强对体育教师的培训，提高他们的专业素养和教学能力，使他们能够灵活运用各种教学方法，满足学生的多样化需求。同时，高校还应鼓励体育教师积极探索和创新教学方法，形成具有个人特色的教学风格。

此外，采用多样化的教学方法也需要高校提供相应的教学资源和设施支持。高校应加大对体育教学设施和资源的投入，为学生提供充足的运动场地、器材和信息技术支持。同时，高校还应积极开发在线课程资源，为学生提供更加便捷、高效的学习途径。

采用多样化的教学方法对提升高校体育教学效果具有重要意义。多样化的教学方法能够激发学生的学习兴趣和积极性，使他们更加主动地参与到体育学习中。同时，多样化的教学方法还能够培养学生的多元智能和综合素质，提升他们的创新能力、沟通能力和团队协作能力。因此，高校应高度重视多样化教学方法的采用和实施，不断完善和优化体育教学体系，为培养全面发展的高素质人才做出积极贡献。

总之，采用多样化的教学方法是高校体育育人实践策略中的重要一环。通过游戏化教学、小组合作学习、案例教学、翻转课堂等多样化的教学方法的运用，我们可以为学生提供更加丰富、多样的体育学习体验。这将有助于培养学生的体育兴趣、提高运动技能水平、增强身体素质和心理素质等方面的能力，同时也有助于促进学生的全面发展和社会适应能力的提升。因此，高校应积极探索和采用多样化的教学方法，并不断完善和优化相关措施以推动体育育人事业持续健康发展。

（二）加强信息技术的应用

加强信息技术的应用是高校体育育人实践策略中的核心要素之一。随着信息技术的迅猛发展和普及应用，其在教育领域的作用日益凸显，为高校体育教学提供了更加广阔的空间和丰富的资源。因此，高校应积极加强信息技术的应用，以推动体育育人的创新与发展。

信息技术的应用为高校体育教学带来了革命性的变革。首先，通过信息技术手段，高校可以构建在线体育课程平台，打破时间和空间的限制，为学生提供更加灵活多样的学习方式。学生可以随时随地通过网络平台进行自主学习，观看教学视频、参与在线讨论、提交作业等，实现个性化、差异化的学习需求。这种线上线下的混合教学模式，不仅丰富了教学内容和手段，还提高了教学效果和学习体验。

其次，信息技术在高校体育教学中的智能化应用日益广泛。例如，通过运动传感器、智能手环等设备，可以实时监测学生的运动数据，包括运动量、心率、消耗的卡路里等，为学生提供个性化的运动建议和反馈。这种智能化的教学辅助手段，不仅提高了教学的科学性和针对性，还激发了学生的运动兴趣和积极性。

最后，信息技术还为高校体育教学提供了丰富的多媒体教学资源。教师可以利用图片、视频、动画等多媒体形式，生动形象地展示运动技能和理论知识，帮助学生更好地理解和掌握。同时，学生也可以通过信息技术手段进行自主学习和拓展学习，如利用虚拟现实技术进行模拟训练、在线观看高水平体育赛事等，提升自己的运动技能和鉴赏能力。

当然，加强信息技术的应用也需要高校从多个方面入手加以推进。首先，高校应加大对信息技术设备和软件的投入力度，为体育教学提供必要的物质条件和技术支持。其次，高校应加强对体育教师的信息技术培训，提高他们的信息素养和教学能力，使他们能够熟练运用信息技术手段进行教学设计和实施。最后，高校还应积极营造良好的信息化教学环境，鼓励学生利用信息技术进行自主学习和交流互动，形成积极向上的学习氛围。

总之，加强信息技术的应用是高校体育育人实践策略中的重要一环。通过构建在线体育课程平台、智能化教学辅助手段及丰富的多媒体教学资源等方式的实施，我们可以为学生提供更加优质、全面的体育教育服务。

（三）注重学生的个体差异和个性化教学

注重学生的个体差异和个性化教学是高校体育育人实践策略中的重要组成部分。随着教育理念的更新和学生主体地位的提升，高校体育教学越来越注重因材施教，尊重学生的个性差异，为每个学生提供适合其发展的教学环境和资源。

每个学生都是独一无二的个体，他们在身体素质、运动技能、兴趣爱好等方面都存在差异。因此，高校体育教学不能采用"一刀切"的方式，而应充分考虑学生的个体差异，制订差异化的教学计划。例如，对于身体素质较差的学生，可以制订有针对性的训练计划，帮助他们逐步提高体能水平；对于只对某项运动特别感兴趣的学生，可以提供更多的专项训练和指导，帮助他们深入掌握运动技能。

个性化教学是一种以学生为中心的教学方式，它强调根据学生的个性特点和需求进行教学设计，以激发学生的学习兴趣和积极性。在高校体育教学中，个性化教学可以通过多种方式实现。例如，教师可以采用分层教学的方法，根据学生的技能水平将他们分成不同的层次，针对不同层次的学生制定不同的教学目标和教学内容。这样可以让每个学生都能在适合自己的挑战水平上进行学习，从而提高他们的学习成效。

此外，高校体育教学还可以采用小组合作学习的方式，让学生在小组内互相学习、互相帮助。在小组合作学习中，教师可以根据学生的性格特点和技能特长进行分组，让每个学生都能在小组中发挥自己的优势，同时也能从其他同学身上学到新的知识和技能。这种教学方式不仅能够培养学生的团队合作精神和沟通能力，还能够让每个学生都得到个性化的关注和指导。

注重学生的个体差异和个性化教学还需要高校体育教师具备相应的专业素养和教学能力。高校应加强对体育教师的培训和管理，提高他们的专业素养和个性化教学能力。同时，高校还应鼓励体育教师积极探索和创新个性化的教学方法，为学生提供更加优质的体育教育服务。

总之，注重学生的个体差异和个性化教学是高校体育育人实践策略中的重要一环。通过差异化的教学计划、个性化的教学方式及小组合作学习等手段的实施，我们可以为每个学生提供适合其发展的教学环境和资源。这将有助于激发学生的学习兴趣和积极性、提高他们的学习成效和综合素质，同时也有助于促进学生的全面发展和社会适应能力的提升。因此，高校应高度重视学生的个体差异和个性化教学，并不断完善和优化相关措施以推动体育育人事业持续健康发展。

三、增设特色体育课程

增设特色体育课程作为其中一项重要举措，对提升体育育人效果、促进学生全面发展具有积极意义。接下来笔者将围绕增设特色体育课程这一实践策略进行深入探讨。

（一）特色体育课程的内涵与价值

特色体育课程是高校体育育人实践策略中的一大亮点，它不仅是对传统体育课程的有益补充，更是高校体育教育创新发展的重要方向。特色体育课程内涵丰富，价值深远，对提升学生的体育素养、促进学生的全面发展具有不可替代的作用。

特色体育课程是指在传统体育课程基础上，结合学校自身条件、地域文化特色及学生需求等因素，开发设计的具有独特性、创新性的体育课程。这些课程往往以某一运动项目或体育技能为核心，融入多元文化元素，形成独具特色的教学内容和方法。例如，民族传统体育课程、户外运动课程、时尚休闲体育课程等，都属于特色体育课程的范畴。

特色体育课程的内涵主要体现在以下四个方面：一是独特性，即课程内容、教学方法等方面具有与众不同的特点，能够激发学生的学习兴趣和热情；二是创新性，即课程设计理念、教学模式等方面敢于突破传统束缚，勇于探索尝试新的教学路径；三是文化性，即课程能够传承和弘扬民族体育文化，增强学生的文化自信和认同感；四是实用性，即课程能够提高学生的运动技能和身体素质，为他们的终身学习和健康生活奠定基础。

特色体育课程的价值则主要体现在以下几个方面：首先，它有助于促进学生的全面发展。特色体育课程不仅关注学生的运动技能提升，还注重培养学生的团队协作、竞争意识、创新思维等多方面的能力，有助于实现学生的德智体美劳全面发展。其次，它有助于推动校园体育文化的建设。特色体育课程作为校园体育文化的重要组成部分，能够丰富校园文化生活，营造积极向上的校园氛围。最后，它有助于提升高校体育教育的质量和水平。特色体育课程的开发与实施需要高校体育教师具备较高的专业素养和创新能力，这在一定程度上推动了高校体育教师队伍的建设和教学能力的提升。

同时，特色体育课程还有助于培养学生的终身体育意识。通过多样化的特色体育课程，学生可以接触到更多的体育项目，发现自己的兴趣和特长，从而在未来的生活中持续参与体育活动，享受运动带来的乐趣和益处，这对提高学生的生活质量、促进学生身心健康具有重要意义。

总之，特色体育课程是高校体育育人实践策略中的重要组成部分，它以其独特的内涵和深远的价值，为高校体育教育注入了新的活力和动力。因此，高校应积极探索和开发特色体育课程，为学生提供更加优质、多样的体育教育服务，推动体育育人事业的持续健康发展。

（二）特色体育课程的设置原则

特色体育课程的设置原则是高校体育育人实践策略中的关键环节，它直接关系到课程的质量和实施效果，对提升学生的体育素养和促进全面发展具有重要意义。在设置特色体育课程时，高校应遵循以下六个原则，以确保课程的科学性、有效性和可持续性。

第一，特色体育课程的设置应遵循教育性原则。课程应明确育人目标，坚持立德树人根本任务，将体育教育与德育、智育、美育等相结合，培养学生的综合素质。课程内容应健康向上、积极阳光，有助于塑造学生良好的品格和习惯。

第二，特色体育课程的设置应遵循学生中心原则。课程应充分考虑学生的年龄、性别、兴趣、特长等个体差异，以学生为中心，满足他们的多样化需求。课程难度应适中，既能激发学生的学习兴趣，又能让他们在挑战中获得成就感。

第三，特色体育课程的设置应遵循创新性原则。高校应敢于突破传统体育课程的束缚，结合时代发展和学生需求，创新课程内容和教学方法。可以引入新兴运动项目、融合多元文化元素，打造独具特色的体育课程，让学生在新颖、有趣的学习环境中提升体育素养。

第四，特色体育课程的设置还应遵循实践性原则。课程应注重实践环节，通过丰富的实践活动让学生亲身体验运动的乐趣和挑战。可以组织校内外的体育竞赛、训练营、志愿服务等活动，让学生在实践中锻炼技能、磨砺意志、培养团队合作精神和竞争意识。

第五，特色体育课程的设置应遵循系统性原则。高校应构建完善的课程体系，确保课程内容的连贯性和递进性。可以设置基础课程、拓展课程、提高课程等多个层次的课程，形成循序渐进的教学体系，让学生在不同阶段都能获得适宜的学习资源和挑战。

第六，特色体育课程的设置应遵循可持续性原则。高校应关注课程的长期发展，确保课程资源的可持续利用和教学质量的持续提升。可以加强师资队伍建设、完善教学设施、建立课程评价体系等，为特色体育课程的持续发展提供有力保障。

总之，特色体育课程的设置原则包括教育性原则、学生中心原则、创新性原则、实践性原则、系统性原则和可持续性原则。这些原则相互关联、相辅相成，共同构成了高校体育育人实践策略中特色体育课程设置的完整框架。高校在设置特色体育课程时，应充分考虑这些原则的要求和指导作用，确保课程的科学性、有效性和可持续性，为培养全面发展的高素质人才贡献体育教育的力量。

（三）特色体育课程的实施策略

1.深入挖掘地域文化和民族传统资源

深入挖掘地域文化和民族传统资源是高校体育育人实践策略中的重要一环。我国地域辽阔，民族众多，每个地方和民族都有着独特的文化和传统，其中包括了丰富多彩的体育运动和游戏活动。这些地域文化和民族传统资源不仅是中华民族文化的重要组成部分，也是高校体育育人的宝贵财富。通过深入挖掘这些资源，高校可以为学生提供更加多样化、特色化的体育教育服务，促进他们的全面发展。

地域文化和民族传统资源中蕴含着丰富的体育教育内容。例如，各地的民间舞蹈、武术、杂技等表演艺术形式，不仅可以锻炼学生的身体协调性和灵活性，还能培养他们的审美能力和文化自信。同时，一些民族传统体育项目，如龙舟竞渡、摔跤、马术等，也具有很高的教育价值。这些项目不仅需要学生具备较高的运动技能，还需要他们具备团队协作、勇敢拼搏等精神品质。通过参与这些活动，学生可以更好地了解自己的家乡和民族文化，增强民族自豪感和归属感。

在深入挖掘地域文化和民族传统资源的过程中，高校应注重以下四个方面的工作：一是加强调研和收集工作。高校应组织专门的团队对当地的地域文化和民族传统资源进行深入调研和收集，整理出适合引入高校体育教育的项目和内容。二是注重传承和创新。在引入地域文化和民族传统资源时，高校应注重传承其精髓和特色，同时也要结合现代教育理念和技术手段进行创新和发展，使其更加符合当代学生的需求和兴趣。三是加强师资培训。高校应加强对体育教师的培训和管理，提高他们的专业素养和教学能力，使他们能够胜任地域文化和民族传统资源的教学工作。四是注重与社区、民间组织的合作。高校应积极与当地社区、民间组织等开展合作，共同开展地域文化和民族传统资源的挖掘、传承和推广工作，形成校内外联动的良好局面。

深入挖掘地域文化和民族传统资源对高校体育育人的意义在于以下四点：一是丰富体育课程内容。通过引入地域文化和民族传统资源，高校可以为学生提供更加多样化、特色化的体育课程选择，满足他们的不同需求和兴趣。二是拓展体育教育功能。地域文化和民族传统资源中蕴含着丰富的教育元素和价值观念，通过参与相关活动，学生可以更好地了解社会、认识自我、提升素养。三是推动校园体育文化建设。地域文化和民族传统资源的引入可以为校园体育文化注入新的活力和内涵，营造积极向上的校园氛围和精神风貌。四是促进民族文化的传承和发展。高校作为文化传承和创新的重要阵地，通过深入挖掘地域文化和民族传统资源并融入体育教育，可以为民族文化的传承和发展贡献自己的力量。

2. 加强师资培训和教材建设

加强师资培训和教材建设是高校体育育人实践策略中的关键环节。随着教育改革的不断深入和体育育人理念的日益更新，高校对体育教师的专业素养和教学能力提出了更高的要求，同时，优质、适用的体育教材也是确保体育教学质量和效果的重要基础。因此，加强师资培训和教材建设对提升高校体育育人水平具有重要意义。

在师资培训方面，高校应建立完善的体育教师培训体系，制订科学的培训计划，明确培训目标和内容。培训内容应涵盖体育教育理论、教学技能、运动训练、运动康复等多个方面，旨在提高体育教师的专业素养和综合能力。同时，高校还应鼓励体育教师积极参加各类学术研讨会、教学观摩活动等，拓宽视野，更新观念，不断提升自身的教育教学水平。此外，高校还可以通过校企合作、校际交流等方式，为教师提供更多的实践机会和学习资源，促进他们的专业成长和发展。

在教材建设方面，高校应注重体育教材的编写和选用工作。教材编写应遵循科学性、系统性、实用性等原则，结合高校体育育人目标和学生的实际需求，注重理论与实践相结合，突出运动技能和健康知识的传授。同时，高校还应积极引入国内外优秀的体育教材和教学资源，进行本土化改造和创新发展，形成具有自身特色的体育教材体系。在教材选用上，高校应严格把关，确保所选用的教材符合教育教学规律和学生身心发展特点，具有时代性和前瞻性。此外，高校还应建立教材更新机制，及时淘汰过时、陈旧的教材，引入最新、最先进的体育教学成果和理念，保持教材的活力和先进性。

加强师资培训和教材建设对提升高校体育育人质量具有显著作用。一方面，通过系统的师资培训，可以提高体育教师的专业素养和教学能力，能够使他们更好地胜任体育教学工作，为学生提供更加优质、高效的体育教育服务。另一方面，优质、适用的体育教材可以为体育教学提供有力的支撑和保障，确保教学内容的连贯性和系统性，提高学生的学习兴趣和效果。同时，加强师资培训和教材建设还有助于推动高校体育教育的创新与发展，形成具有自身特色的体育育人模式和品牌。

总之，加强师资培训和教材建设是高校体育育人实践策略中的重要举措。通过建立完善的体育教师培训体系和优质的体育教材体系，可以为高校体育教育提供有力的人才保障和资源支撑，推动体育育人事业的持续健康发展。因此，高校应高度重视师资培训和教材建设工作，不断完善相关机制和措施，为培养全面发展的高素质人才贡献体育教育的力量。

3. 完善课程评价体系

完善课程评价体系是高校体育育人实践策略中的核心组成部分。课程评价作为教学的重要环节，对确保教学质量、提升教学效果、促进学生全面发展具有不可替代的作用。因此，高校体育课程评价应更加科学、全面、多元，以适应教育改革的要求和学生多样化的需求。

课程评价体系的完善，首先要明确评价的目标和内容。评价目标应与体育育人的总体目标相一致，注重学生的全面发展，包括体育技能、运动素质、健康知识、体育态度等多个方面。评价内容应涵盖课程的各个方面，包括教学目标、教学内容、教学方法、教学效果等，以确保评价的全面性和客观性。

在评价方法上，高校应摒弃传统的单一评价方式，如仅依赖期末考试成绩来评判学生的学习成果，而应采用更加多元的评价方法。例如，可以结合学生的课堂表现、出勤率、作业完成情况、参与课外体育活动的积极性等多个方面进行评价，更加全面、真实地反映学生的学习情况。此外，还可以引入学生自评、互评等方式，增强学生的主体意识和参与感，提升评价的准确性和公正性。

课程评价体系的完善还应注重过程性评价和终结性评价的结合。过程性评价关注学生在学习过程中的表现和进步，有利于及时发现问题并进行针对性指导。终结性评价则是对学生学习成果的全面检验，有助于了解课程教学的整体效果。将两者相结合，可以更加全面、准确地评价学生的学习成果和课程的教学质量。

在评价结果的应用上，高校应充分发挥评价的反馈和激励作用。通过及时反馈评价结果，学生可以了解自己的学习情况和不足之处，从而调整学习策略，提升学习效果。教师也可以根据评价结果反思自己的教学方法和效果，不断改进和提升教学质量。同时，将评价结果与课程设置、教材建设等相结合，可以为高校体育育人的持续改进提供有力支撑。

此外，完善课程评价体系还需要建立健全的评价机制和制度保障。高校应明确评价的责任主体和程序要求，确保评价的公正性和客观性。同时，加强对评价工作的监督和管理，防止评价过程中的舞弊和不合理现象的发生。

总之，完善课程评价体系是高校体育育人实践策略中的重要一环。通过明确评价目标和内容、采用多元评价方法、注重过程性与终结性评价的结合及充分发挥评价的反馈和激励作用等措施的实施，可以构建更加科学、全面、客观的高校体育课程评价体系，为提升体育教学质量和促进学生全面发展提供有力保障。

四、推广线上线下混合教学模式

随着信息技术的快速发展和普及，线上线下混合教学模式在高校体育教学中逐渐展现出其独特的优势。这种教学模式结合了传统课堂教学和网络在线教学的特点，为高校体育育人提供了新的实践策略。接下来笔者将详细探讨推广线上线下混合教学模式在高校体育育人中的重要意义和实践方法。

（一）线上线下混合教学模式的内涵与价值

线上线下混合教学模式，简称"混合教学模式"，是指在教学过程中，将面对面的课堂教学与网络在线教学相结合，通过两种教学形式的优势互补，达到提高教学效果的目的。在这种模式下，教师可以利用网络资源为学生提供丰富的学习材料，同时结合课堂教学进行深入的讲解和指导；学生则可以根据自身的学习进度和兴趣，灵活地选择线上或线下的学习方式，实现个性化学习。

推广线上线下混合教学模式在高校体育育人中具有重要的价值。首先，混合教学模式可以突破时间和空间的限制，为学生提供更加灵活多样的学习方式。学生可以在课余时间利用网络资源进行自主学习，提高学习效率；同时，通过线上平台，学生还可以随时随地与教师进行互动交流，及时解决学习中的疑难问题。其次，混合教学模式可以丰富体育教学内容和手段，激发学生的学习兴趣和积极性。教师可以利用网络资源引入更多的体育知识和技能，拓宽学生的视野；同时，通过线上平台，教师还可以采用多媒体教学手段，使体育教学更加生动有趣。最后，混合教学模式有助于培养学生的自主学习能力和创新精神。在混合教学模式下，学生需要主动探索和学习新知识，这有助于培养他们的自主学习能力和创新精神；同时，通过线上线下的互动交流，学生还可以相互启发、共同进步。

（二）推广线上线下混合教学模式的实践方法

1.构建完善的线上线下教学平台

构建完善的线上线下教学平台是高校体育育人实践策略中的关键环节。随着信息技术的迅猛发展和教育改革的不断深入，线上线下相结合的教学模式已成为高校体育教育发展的重要趋势。通过构建完善的线上线下教学平台，高校可以打破时空限制，丰富教学资源，提升教学质量，更好地满足学生的多样化需求，实现体育育人的目标。

在构建线上线下教学平台时，高校应首先明确平台的建设目标和功能定位。平台的建设目标应与高校的体育育人目标相一致，致力于提升学生的体育素养和综合能力。在功能定位上，平台应具备教学资源管理、在线教学、学习支持、互动交流、评价反馈等多种功能，以支持教师的教和学生的学。

教学资源管理方面，平台应提供丰富多样的体育教学资源，包括课程视频、教学课件、教案、运动技巧图解等，方便教师进行教学准备和学生进行自主学习。这些教学资源应按照课程体系进行分类和整合，形成系统化、层次化的教学资源库，便于师生快速查找和使用。

在线教学方面，平台应支持直播授课、在线讨论、小组协作等多种教学方式，以满足不同课程的教学需求。通过直播授课，教师可以实时讲解示范动作，与学生进行互动交流；在线讨论和小组协作则可以促进学生的主动学习和团队协作能力的培养。

学习支持方面，平台应提供个性化的学习支持服务，包括学习路径推荐、学习进度跟踪、疑难解答等。通过学习路径推荐，平台可以根据学生的兴趣和需求，为其推荐合适的课程和学习资源；学习进度跟踪则可以帮助学生及时了解自己的学习进度和成效，调整学习策略；疑难解答则可以为学生提供及时的问题解答和学习指导。

互动交流方面，平台应建立师生之间的互动交流机制，鼓励学生提问、分享经验、互相评价等。通过互动交流，教师可以及时了解学生的学习情况和反馈意见，调整教学策略；学生则可以相互学习、共同进步，形成良好的学习氛围。

评价反馈方面，平台应建立完善的评价反馈系统，包括课程评价、教师评价、学生自评和互评等。通过课程评价和教师评价，学生可以反馈对课程和教师的满意度和建议；学生自评和互评则可以促进学生的自我认知和相互了解。这些评价反馈数据可以为高校改进教学质量和优化课程设置提供重要参考。

此外，在构建线上线下教学平台时，高校还应注重平台的安全性和稳定性。平台应采取有效的安全措施保护师生的个人信息和教学数据的安全；同时优化服务器的配置和网络架构的设计，确保平台的稳定运行和高效访问。

总之，构建完善的线上线下教学平台是高校体育育人实践策略中的重要举措。通过明确建设目标和功能定位、丰富教学资源、支持多种教学方式、提供个性化的学习支持服务、建立互动交流机制及完善评价反馈系统等措施的实施可以打造出一个高效便捷、安全稳定的体育教学平台，为高校体育育人的创新发展提供有力支撑。

2. 制订科学的教学计划和教学方案

制订科学的教学计划和教学方案是高校体育育人实践策略的基石。随着教育改革的推进和体育教学理念的不断更新，高校体育教育需要更加注重科学性和系统性，以确保教学的有效性和针对性，进而实现体育育人的全面目标。科学的教学计划和教学方案不仅是教学活动顺利开展的指南，也是提升教学质量、促进学生身心健康发展的重要保障。

在制订教学计划时，高校应首先明确体育教学的总体目标和具体任务。总体目标应围绕提升学生的体育素养、增强体质、培养终身体育锻炼习惯等方面来设定。具体任务则包括传授体育知识、技能，提高运动能力，培养团队协作精神和竞争意识等。明确目标和任务有助于教学计划的制订更加有的放矢，避免盲目性和随意性。

其次，高校应根据课程设置和教学大纲的要求，结合学生的实际情况，制订详细的教学进度计划。这包括每学期、每单元、每节课的教学内容、教学重点和难点、教学方法、教学时间和地点等。教学进度的安排应合理紧凑，既要保证教学的系统性，又要留有一定的弹性，以适应不同学生的学习进度和需求。

再次，高校应注重教学内容的选择和设计。教学内容应符合学生的身心发展规律，具有趣味性、实用性和挑战性，能够激发学生的学习兴趣和积极性。同时，教学内容的难度和深度应适中，既要保证学生能够通过努力掌握所学知识和技能，又要避免过于简单或过于复杂的教学内容对学生造成挫败感或失去挑战性。

从次，教学方法的选择也是制订教学方案的重要环节。高校应根据教学内容和学生特点，灵活地运用讲解示范、分组练习、游戏比赛等多种教学方法，以提高教学效果。同时，高校还应积极引入现代教育技术手段，如多媒体教学、网络教学等，丰富教学手段，拓宽教学途径。

最后，高校还应注重评价与反馈机制的建设。通过建立科学的评价体系，包括对学生学习效果的评价、对教师教学质量的评价及对课程本身的评价等，可以及时发现问题、调整教学策略、改进教学方法，从而确保教学方法的持续改进和教育质量的不断提升。同时，高校还应建立畅通的反馈渠道，及时收集师生对教学的意见和建议，为教学计划和教学方案的修订提供重要参考。

总之，制订科学的教学计划和教学方案是高校体育育人实践策略中的关键一环。通过明确教学目标和任务、合理安排教学进度、精心设计教学内容和方法、建立科学的评价与反馈机制等措施的实施，可以构建出更加科学、系统、有效的高校体育教学体系，为培养德智体美劳全面发展的高素质人才奠定坚实的基础。

3.加强教师培训和技术支持

加强教师培训和技术支持是高校体育育人实践策略中的核心环节。面对日新月异的教育技术革新和体育教学理念的不断演进，高校必须确保教师队伍与技术手段同步升级，以满足体育育人的要求。

在教师培训方面，高校应致力于提升体育教师的专业素养、教学能力及教育技术应用水平。首要任务是对教师进行教育教学理念的更新，使他们深刻理解体育育人的内涵与目标，将培养学生的全面发展、终身体育习惯和创新精神作为教学核心。同时，针对体育教学的特点，高校应组织专项技能培训，如运动训练学、运动心理学、运动康复学等，以增强教师在专业领域的教学实力。此外，随着教育信息化的发展，体育教师还需掌握多媒体教学、网络课程开发、在线互动平台使用等技能，从而适应教学模式的创新需求。

为了保证教师培训的有效性，高校应采取多样化的培训形式。可以组织定期的校内外专家讲座、研讨会，为体育教师提供与同行交流学习的机会；实施青蓝工程、师徒结对计划，经验丰富的老教师对新教师进行一对一指导，促进其快速成长；鼓励并支持教师参加国内外进修学习、学术会议，拓宽国际视野，引进先进的教学理念和方法。

在技术支持方面，高校应加大对体育教学相关技术的投入，为教师提供先进、便捷的教学工具和资源。首先，完善校园体育设施是基础，包括建设多功能运动场馆、更新运动器材等，为学生提供优质的体育锻炼环境。其次，高校应建立体育教学资源库，整合校内外优质教学资源，如教学视频、电子教案、运动数据库等，方便教师随时获取和使用。最后，推动信息技术与体育教学的深度融合是关键。高校可以利用大数据、人工智能等技术开发体育教学辅助系统，实现学生运动技能的智能分析、学习进度的跟踪反馈、个性化教学方案的生成等功能，从而提升教学效果。

此外，高校还应关注新兴技术在体育教学中的应用前景，如虚拟现实（VR）、增强现实（AR）等技术。这些技术可以为学生创建沉浸式的运动场景，模拟真实的运动体验，对提升学生的学习兴趣、增强运动技能的掌握具有促进作用。

　　加强教师培训和技术支持不仅可以直接提升高校体育教学的质量，还能够激发学生的学习潜能，培养他们的创新能力和终身体育习惯。因此，高校应将其作为体育育人实践策略中的重要一环，持续投入精力与资源，以期在培养德智体美劳全面发展的高素质人才方面取得显著成效。

　　4. 建立有效的评价机制和反馈机制

　　建立有效的评价机制和反馈机制是高校体育育人实践策略中不可或缺的重要组成部分。评价机制和反馈机制对确保体育教学质量、促进学生全面发展、提升教师教学水平及优化课程设置等方面都具有至关重要的促进作用。

　　在评价机制方面，高校应构建多元化、全面性的评价体系，以客观、公正地评估体育教学的效果。这一体系应涵盖对学生学习成果、教师教学水平、课程设置合理性等多个维度的评价。具体来说，可以通过定期的体能测试、技能考核、理论考试等方式来量化学生的学习成果，以了解学生在体育知识、技能和体质健康方面的进步情况。同时，对于教师的教学质量，可以通过学生评价、同行评议、教学督导等多种途径进行综合评价，以激励教师不断改进教学方法，提升教学效果。此外，对课程设置的评价也应纳入考虑范围，通过收集师生对课程内容、结构、难度等方面的反馈意见，及时调整和优化课程设置，以满足学生的实际需求和体育育人的目标。

　　在反馈机制方面，高校应建立及时、有效的信息反馈系统，确保评价结果的准确性和实用性。这一系统应能够全面收集、整理和分析来自不同评价主体的反馈信息，包括学生的学习情况、教师的教学反思、课程设置的改进建议等。通过定期的教学检查、学生座谈会、问卷调查等方式，可以及时了解教学一线的动态和问题，为教学管理部门提供决策依据。同时，高校还应建立畅通的沟通渠道，鼓励师生积极参与教学评价和反馈活动，营造民主、和谐的教学氛围。对于收集到的反馈信息，高校应认真对待并及时处理，对于存在的问题和不足，要制定具体的改进措施并跟踪落实，以促进体育教学的持续改进和质量的不断提升。

　　评价机制和反馈机制的建设还需要高校加强制度保障和人员配备。高校应制定完善的评价制度和反馈机制管理办法，明确评价的标准、程序和要求及反馈信息的处理流程和责任主体。同时，加强评价人员和反馈信息处理人员的培训和管理，提高他们的专业素养和工作能力，确保评价和反馈工作的科学性和有效性。此外，高校还应加大对评价机制和反馈机制建设的投入力度，为相关工作的开展提供必要的经费和条件保障。

总之，建立有效的评价机制和反馈机制是高校体育育人实践策略中的重要一环。通过构建多元化、全面性的评价体系和及时、有效的信息反馈系统，以及加强制度保障和人员配备等措施的实施，可以确保体育教学的质量不断提升，为学生的全面发展提供有力保障，同时也为高校体育育人的创新发展注入新的活力。

（三）推广线上线下混合教学模式的挑战与对策

虽然线上线下混合教学模式在高校体育教学中具有许多优势，但在实际推广过程中也会面临一些挑战和问题。例如，部分教师可能对信息技术应用不够熟练，导致线上线下教学无法有效融合；学生可能缺乏自律性和自主学习能力，导致线上学习效果不佳等。针对这些问题，可以采取以下三个对策：一是加强对教师的信息技术培训和实践指导，提高他们的信息技术素养和教学能力；二是加强对学生的引导和监督，培养他们的自律性和自主学习能力；三是建立完善的线上线下教学管理制度和激励机制，鼓励教师和学生积极参与线上线下混合教学模式的实践和探索。

推广线上线下混合教学模式是高校体育育人的重要实践策略之一。通过构建完善的线上线下教学平台、制订科学的教学计划和教学方案、加强教师培训和技术支持及建立有效的评价机制和反馈机制等措施，可以实现线上线下教学的有机融合和优势互补，提高高校体育教学的效果和质量。展望未来，随着信息技术的不断发展和普及，以及教育改革的深入推进，线上线下混合教学模式将在高校体育教学中发挥更加重要的作用。同时，我们也需要关注新技术、新理念的发展动态，及时将最新的成果应用到高校体育教学中，为培养全面发展的社会主义建设者和接班人贡献更大的力量。

第二节　校园体育文化建设策略

高校体育育人实践不仅关注课堂教学与技能训练，更重视校园体育文化的全面建设。校园体育文化作为高校教育环境的重要组成部分，对培养学生的体育兴趣、提升体育素养、形成健康生活方式具有不可替代的作用。因此，探讨高校体育育人的校园体育文化建设策略，对推动高校体育教育改革、促进学生全面发展具有重要意义。

一、校园体育文化的内涵与价值

校园体育文化是指在校园环境中，以学生为主体，以体育活动为主要内容，以校园为主要空间，以校园精神为主要特征的一种群体文化。它不仅包括体育课堂教学、课外体育活动、体育竞赛等有形的内容，还包括体育观念、体育精神、体育道德等无形的文化元素。

校园体育文化具有重要的育人价值。首先，它有助于培养学生的体育兴趣和习惯，使学生在参与体育活动的过程中体验快乐、增强自信。其次，校园体育文化能够提升学生的体育素养，包括运动技能、体育知识、体育欣赏能力等。最后，校园体育文化有助于培养学生的团队合作精神、竞争意识、坚韧不拔的意志品质等，对学生的全面发展具有积极的促进作用。

二、校园体育文化建设策略

（一）加强体育设施建设

加强体育设施建设是高校体育育人实践策略中的基础性工作，对提升体育教学质量、促进学生身心健康、培养全面发展的人才具有重要意义。随着教育改革的不断深入和高校体育事业的快速发展，加强体育设施建设已成为高校体育工作的重要任务之一。

高校体育设施是学生进行体育锻炼、开展体育活动的物质基础，其完善程度直接影响到体育教学的效果和学生参与体育活动的积极性。因此，高校应高度重视体育设施建设，加大投入力度，不断改善和提升体育设施的质量和数量，以满足广大师生的需求。

首先，高校应合理规划体育设施布局，确保各类体育设施的数量和种类能够满足不同体育教学和活动的需要。这包括建设多功能运动场馆、标准田径场、足球场、篮球场、排球场等常规运动场地，以及健身房、游泳池、羽毛球馆等特色运动场所。同时，还应注重体育设施的多样性和层次性，以满足不同学生的兴趣和需求。

其次，高校应注重体育设施的质量和安全性。在建设过程中，应选用符合国家标准、质量可靠的建筑材料和设备，确保体育设施的安全性和稳定性。在使用过程中，应定期进行维护和保养，及时发现和解决问题，确保体育设施的完好率和使用寿命。此外，高校还应加强对体育设施的管理和监督，建立健全的管理制度和责任机制，确保体育设施的合理使用和有效保护。

再次，高校应积极推动体育设施的智能化和信息化建设。随着科技的不断发展，智能化和信息化已成为体育设施建设的重要趋势。高校可以利用物联网、大数据、人工智能等技术手段，对体育设施进行智能化改造和升级，实现远程监控、智能管理、数据分析等功能。这不仅可以提高体育设施的使用效率和管理水平，还可以为学生提供更加便捷、个性化的服务。

最后，高校还应注重体育设施的文化内涵和育人功能。体育设施不仅是学生进行体育活动的场所，更是传播体育文化、弘扬体育精神的重要载体。因此，高校应在体育设施的设计和建设中融入文化元素和教育理念，打造具有特色和品位的体育设施，让学生在参与体育活动的同时感受到体育的魅力和价值。

总之，加强体育设施建设是高校体育育人实践策略中的重要一环。通过合理规划布局、注重质量安全、推动智能化和信息化及注重文化内涵和育人功能等措施的实施，可以打造出一个完善、先进、具有特色的高校体育设施体系，为培养德智体美劳全面发展的高素质人才提供有力支撑。

（二）丰富校园体育活动

丰富校园体育活动是高校体育育人实践策略中的关键环节，对营造积极向上的校园体育氛围、促进学生身心健康、培养团队协作精神及提升学生综合素质具有不可替代的作用。随着教育理念的不断更新和体育教学改革的深入推进，高校应致力于策划和组织多样化、趣味性强、参与度高的体育活动，激发学生的运动热情，让他们在参与中体验快乐，在快乐中提升自我。

高校应打破传统体育活动的局限，创新活动形式和内容。除了常规的田径运动会、球类比赛等，还可以引入户外拓展、定向越野、轮滑、街舞、瑜伽等时尚运动项目，以满足不同学生的兴趣和需求。这些新兴运动项目不仅能增强学生的体质，还能培养他们的审美情趣和创新能力。

在活动策划上，高校应注重将活动的教育性和趣味性相结合。可以通过设置主题鲜明的体育节、运动会开幕式表演、体育知识竞赛等环节，将体育教育与文化教育、艺术教育等有机融合，让学生在参与体育活动的同时，也能接受到全面的教育熏陶。此外，高校还可以结合重要节日、纪念日等时间点，策划具有特殊意义的体育活动，如校园马拉松、慈善篮球赛等，以增强学生的社会责任感和集体荣誉感。

高校应鼓励学生自发组织和参与体育活动。通过成立各类体育社团、兴趣小组等学生组织，为学生提供展示自我、交流学习的平台。高校可以给予这些组织必要的场地、器材和经费支持，同时邀请专业教师进行指导，确保活动的专业性和安全性。学生在自发组织和参与体育活动的过程中，能够锻炼组织协调能力、沟通能力和领导能力，为未来的社会生活和职业发展打下坚实的基础。

此外，高校还应加强与其他高校、社区、企业等的合作与交流，共同举办各类体育赛事和活动。这不仅可以拓宽学生的视野和交际圈，还能提升学校的知名度和影响力。通过参与校际联赛、友谊赛等竞技性较强的比赛，学生能够体验到更加激烈的竞争和更高水平的对抗，从而激发他们的斗志和进取心。

在丰富校园体育活动的过程中，高校还应注重活动的宣传和推广工作。通过校园网站、社交媒体、海报等多种渠道进行广泛宣传，提高活动的知名度和参与度。同时，高校可以邀请媒体对重要活动进行报道和直播，让更多的人了解学校的体育工作成果和学生的风采。

总之，丰富校园体育活动是高校体育育人实践策略中的重要一环。通过创新活动形式和内容、注重活动的教育性和趣味性、鼓励学生自发组织和参与、加强校际合作与交流，以及注重宣传和推广等措施的实施，可以营造出更加浓厚的校园体育氛围，为学生的全面发展提供有力保障。

（三）营造浓厚的体育氛围

营造浓厚的体育氛围是高校体育育人实践策略中的核心要素。一个充满活力、健康向上的体育环境，对激发学生的运动兴趣、培养学生的体育精神、提高学生的身体素质具有不可替代的作用。随着社会对全面发展人才需求的不断提升，高校更需注重营造浓厚的体育氛围，以助力学生的全面发展。

为了营造浓厚的体育氛围，高校首先应从校园文化建设入手，将体育文化融入其中。通过举办体育主题讲座、展览、体育赛事等活动，让学生在耳濡目染中感受体育的魅力，增强对体育的认同感。同时，在校园内设置体育标语、运动雕塑、体育明星画像等，打造具有体育特色的校园文化景观，进一步营造浓厚的体育氛围。

高校还应积极开展各类体育活动，丰富学生的课余生活。除了定期举办的运动会、球类比赛等传统赛事，还可以引入趣味运动会、健身挑战赛等创新形式，让不同运动水平的学生都能找到适合自己的参与方式。此外，高校可以鼓励和支持学生自发组织体育社团和兴趣小组，为他们提供必要的场地、器材和指导，让学生在自主组织活动的过程中锻炼组织协调能力、提升运动技能。

在体育教学中，高校应注重培养学生的体育精神和运动习惯。通过丰富多样的教学内容和教学方法，激发学生的学习兴趣，让他们在享受运动乐趣的同时，掌握科学锻炼的方法。此外，高校还可以将体育教学与德育、智育相结合，通过团队协作、竞技比赛等方式培养学生的集体荣誉感、公平竞争意识和坚韧不拔的品格。

高校还应加强与社会各界的合作与交流，共同推动校园体育事业的发展。可以与社区、企业、体育协会等建立合作关系，共同举办体育赛事和活动，拓宽学生的参与渠道。同时，邀请优秀运动员、教练等进校园开展讲座、示范和指导活动，让学生近距离感受高水平运动的魅力，激发他们的运动梦想。

为了营造持续浓厚的体育氛围，高校还应建立一套完善的评价和激励机制。通过对参与体育活动的学生进行积分奖励、评选体育明星等方式，激发他们的积极性和荣誉感。同时，将体育成绩纳入学生综合素质评价体系，引导学生在重视学业的同时不忘体育锻炼，实现德智体美劳全面发展。

总之，营造浓厚的体育氛围是高校体育育人实践策略中的重要一环。通过融入校园文化、开展丰富多样的体育活动、培养学生的体育精神和运动习惯、加强社会合作与交流及建立评价和激励机制等措施的实施，高校可以打造一个充满活力、健康向上的体育环境，为培养全面发展的高素质人才提供有力支撑。

（四）加强体育师资队伍建设

加强体育师资队伍建设是高校体育育人实践策略中的关键环节。一支高素质、专业化的体育师资队伍，对提升体育教学质量、促进学生全面发展、推动校园体育文化建设具有至关重要的作用。随着教育改革的不断深入和高校体育事业的快速发展，加强体育师资队伍建设已经成为高校体育工作的迫切需求。

高校应高度重视体育师资队伍建设，并将其纳入学校整体发展规划，制订具体的实施计划。在师资队伍建设过程中，高校应注重优化师资结构，提高教师的整体素质和专业化水平。通过引进高水平运动员、教练员和优秀体育教师，加强对现有教师的培训，打造一支数量充足、结构合理、业务精湛的体育师资队伍。

在引进人才方面，高校应加大投入力度，提高引进人才的待遇和福利，吸引更多的优秀人才来校任教。同时，注重引进具有丰富教学经验和创新能力的中青年教师，为体育师资队伍注入新的活力和动力。在选拔人才时，高校应坚持公平、公正、公开的原则，严格考核标准和程序，确保引进人才的质量和水平。

在培训提高方面，高校应建立健全教师培训体系，制订详细的培训计划，定期组织教师参加各类培训和学习活动。培训内容应涵盖体育教学理论、运动技能、教学方法等多个方面，以提高教师的专业素养和教学能力。同时，鼓励教师积极参加国内外的学术会议、研讨会等活动，拓宽视野，了解最新的体育教学理念和发展动态。此外，高校还可以邀请知名专家、学者来校讲学或开展合作研究，为教师提供学习和交流的机会。

在管理方面，高校应加强对体育师资队伍的管理和考核，建立健全教师评价机制和激励机制。通过定期的教学检查、学生评价、同行评议等方式，对教师的教学质量、工作态度、科研成果等方面进行全面评价，并将评价结果作为教师晋升、奖惩的重要依据。同时，高校应注重激发教师的内在动力和创新精神，为他们提供良好的工作环境和发展空间。对于在教学、科研等方面取得突出成绩的教师，应给予表彰和奖励，以激励他们继续发挥优势、为学校体育事业做出更大的贡献。

此外，高校还应注重培养教师的团队协作精神和职业道德素养。通过组织教师参加团队建设活动、师德师风教育等活动，增强教师的团队意识和责任感，提高他们的职业道德水平。同时，加强对教师的思想政治教育和心理疏导工作，帮助他们解决工作和生活中的困难和问题，让他们更加安心地从事体育教学。

总之，加强体育师资队伍建设是高校体育育人实践策略中的重要一环。通过引进优秀人才、加强培训、强化管理和考核及培养团队协作精神和职业道德素养等措施的实施，高校可以打造出一支高素质、专业化的体育师资队伍，为提升体育教学质量、促进学生全面发展提供有力保障。

（五）构建科学的评价体系

构建科学的评价体系是高校体育育人实践策略中的重要组成部分。这一体系旨在全面、客观、准确地评估体育教学的效果、学生的体育素养及体育师资队伍的建设情况，从而为高校体育育人的持续改进提供有力支撑。随着教育理念的更新和体育教学改革的深入，构建科学的评价体系已成为高校体育工作的重要任务之一。

在构建科学的评价体系时，高校应坚持以学生为中心的原则，关注学生的全面发展。评价内容应涵盖学生的体育知识、技能、体质、态度等多个方面，以全面地反映学生的体育素养。同时，评价体系还应关注体育教学的过程和方法，以及体育师资队伍的素质和能力，确保评价的全面性和公正性。

在评价方法上，高校应注重将定量评价与定性评价相结合。通过制定科学的评价指标和标准，运用现代化的评价工具和技术，对体育教学和学生的学习成果进行客观、准确的测量和分析。同时，通过观察、访谈、问卷调查等方式收集学生和教师的意见和建议，对体育教学的过程和效果进行深入的定性评价。这种定量与定性相结合的评价方法能够更全面地反映体育教学的真实情况，为改进教学提供有力依据。

在评价主体上，高校应实现多元化评价。除了教师对学生的评价，还应引入学生自评、互评及家长和社会的评价。这种多元化的评价主体能够更全面地反映学生的体育学习情况和教师的教学效果，提高评价的客观性和公正性。同时，通过多元主体的参与，还能够促进学生的自我认知和自我管理能力的提升。

在评价结果的应用上，高校应注重激励与改进相结合。通过设立奖励机制，对在体育教学和学习中表现突出的学生和教师进行表彰和奖励，激发他们的积极性和创造性。同时，根据评价结果中反映出的问题和不足，采取和制订有针对性的改进措施和计划，促进体育教学的持续改进和学生的全面发展。此外，高校还应将评价结果作为体育师资队伍建设的重要依据，加强对教师的培训和提高工作，提升教师的专业素养和教学能力。

构建科学的评价体系还需要高校加强与其他高校、研究机构等的交流与合作。通过借鉴先进的评价理念和方法，学习他人的成功经验和做法，不断完善自身的评价体系。同时，积极参与国内外的学术交流和研讨活动，了解最新的体育教育动态和发展趋势，为构建科学的评价体系提供有益的参考和借鉴。

总之，构建科学的评价体系是高校体育育人实践策略中的重要一环。通过以学生为中心、定量与定性相结合、多元化评价主体及激励与改进相结合等原则的实施，高校可以构建出一个全面、客观、准确的评价体系，为提升体育教学质量、促进学生全面发展及加强体育师资队伍建设提供有力保障。

三、实施路径与保障措施

（一）制订详细的实施计划

制订详细的实施计划是新时代高校体育育人实践策略中的关键步骤。一个明确、具体、可操作的实施计划，不仅能够确保体育育人策略的落地生根，还能够有效整合资源，提高工作效率，进而促进学生的全面发展。因此，高校必须高度重视实施计划的制订，并力求做到科学、合理、可行。

在制订实施计划时，高校应首先明确体育育人的总体目标和具体任务。这些目标和任务应围绕提升学生的体育素养、增强学生的体质健康、培养学生的团队协作精神和竞争意识等方面来设定。同时，高校还应根据自身的实际情况和特色，制定符合校情的体育育人目标和任务，以确保计划的针对性和实效性。

其次，高校需要对实施计划进行细化和分解。这包括确定实施计划的时间节点、责任部门、具体负责人及所需资源等。在时间节点的规划上，高校应充分考虑体育教学的周期性特点，合理安排教学进度和活动时间，确保计划的连贯性和稳定性。在责任部门和具体负责人的安排上，高校应明确各部门的职责和分工，建立健全工作机制，形成齐抓共管的工作格局。在所需资源的配置上，高校应统筹考虑场地设施、器材装备、经费预算等因素，确保计划的顺利实施。

再次，高校在制订实施计划时还应注重风险防控和应对机制的建设。通过识别潜在的风险因素，制定相应的预防措施和应急预案，确保计划的顺利进行。同时，高校还应建立动态监测和评估机制，对实施计划的执行情况进行定期检查和评估，及时发现问题并进行整改，确保计划的执行效果。

从次，高校还应广泛征求师生的意见和建议。通过召开座谈会、发放调查问卷等方式，了解师生的需求和期望，为制订更加贴近实际的实施计划提供有力支持。同时，高校还应加强与家长的沟通和合作，共同推动体育育人工作的深入开展。

最后，高校应将实施计划纳入学校的整体发展规划中，与其他工作相互协调、相互促进。通过加强与相关部门的沟通和协作，形成工作合力，共同推动体育育人实践策略的全面实施。同时，高校还应根据实施计划的执行情况和反馈意见，及时对计划进行调整和优化，以确保计划的持续性和创新性。

总之，制订详细的实施计划是高校体育育人实践策略中的重要一环。通过明确目标和任务、细化和分解计划、注重风险防控和应对机制建设、广泛征求意见和建议及纳入整体发展规划等措施的实施，高校可以制订出一个科学、合理、可行的实施计划，为体育育人实践策略的落地生根提供有力保障。

（二）建立协同工作机制

建立协同工作机制是高校体育育人实践策略中的核心组成部分。面对教育要求和体育发展趋势，高校需要构建一个能够有效整合校内外资源、促进各部门间密切合作、确保体育育人目标顺利实现的协同工作机制。这一机制的建立不仅有助于提升体育教育的整体效果，还能为培养学生的全面发展提供坚实的组织保障。

首先，建立协同工作机制要打破部门间的壁垒，形成全校"一盘棋"的工作格局。高校体育育人工作涉及教学、科研、学生管理、后勤保障等多个部门，因此必须建立跨部门、跨领域的协同合作机制。通过设立体育工作委员会或类似机构，明确各部门在体育育人工作中的职责和任务，定期召开协调会议，及时沟通信息，解决工作中的问题和难题，确保各项工作的有序推进。

其次，应注重发挥体育教学部门的主导作用。体育教学部门是体育育人工作的主体，承担着制订教学计划、组织教学活动、评价教学效果等重要职责。因此，在协同工作机制中，应赋予体育教学部门足够的权力和资源，使其能够有效地组织和协调其他部门的工作。同时，其他部门也应积极配合体育教学部门的工作，提供必要的支持和保障。

再次，需要加强与校外机构的合作与交流。高校体育育人工作不能仅仅局限于校园内部，而应积极与社会各界建立广泛的联系和合作。通过与体育协会、俱乐部、企业等机构的合作，可以引进更多优质的资源，拓宽学生的参与渠道，提升体育育人的整体效果。因此，在协同工作机制中，应注重加强与校外机构的沟通与协作，建立长期稳定的合作关系。

从次，需要注重利用信息技术手段提升工作效率。随着信息技术的发展和应用，高校体育育人工作也面临着新的机遇和挑战。通过建立信息化平台，可以实现各部门间的信息共享和实时沟通，提高工作效率和管理水平。同时，还可以利用大数据、人工智能等技术手段对体育教学和学生的学习情况进行深入分析，为改进教学方法和制定更加科学的育人策略提供有力支持。

最后，在建立协同工作机制的过程中，还应注重培养学生的自主意识和自我管理能力。学生是体育育人工作的主体之一，他们的积极参与和自我管理对提升体育育人的效果具有重要意义。因此，在协同工作机制中应注重发挥学生的主体作用，培养他们的自主意识和自我管理能力，使他们在体育学习和锻炼中能够更好地实现自我发展和提升。

总之，建立协同工作机制是高校体育育人实践策略中的关键环节。通过打破部门壁垒、发挥体育教学部门的主导作用、加强与校外机构的合作与交流、利用信息技术手段提升工作效率及培养学生自主意识和自我管理能力等措施的实施，可以构建一个科学高效、密切协作的协同工作机制，为高校体育育人工作的顺利开展提供有力保障。

（三）加强制度保障

加强制度保障是高校体育育人实践策略中不可或缺的重要环节。制度是高校体育育人工作有序开展的基础和保障，只有建立健全的制度体系，才能确保体育育人实践的持续、稳定和有效。因此，高校必须高度重视制度保障工作，从顶层设计到具体实施，都要有明确的制度支撑和引领。

首先，高校需要制定全面、系统的体育育人规章制度。这些规章制度应涵盖体育教学、课外体育活动、运动队训练与竞赛、体育师资队伍建设、体育设施管理与使用等各个方面，为体育育人工作提供全面的制度保障。规章制度的制定应遵循科学性、合理性、可操作性的原则，既要符合国家的法律法规和教育方针，又要结合高校自身的实际情况和特点，确保规章制度的针对性和实效性。

其次，高校应建立健全的体育育人工作评价机制。这一评价机制应包括对学生体育素养的评价、对体育教学质量的评价、对体育师资队伍建设的评价等多个方面。通过定期的评价和反馈，可以及时发现体育育人工作中存在的问题和不足,为改进工作提供科学依据。同时,评价机制还应与激励机制相结合,对在体育育人工作中表现突出的个人和集体给予表彰和奖励,激发广大师生的积极性和创造性。

再次,高校应加强对体育育人工作的监督和管理。通过设立专门的监督机构或委派专人负责监督工作,确保体育育人规章制度的贯彻执行。对于违反规章制度的行为,应依法依规进行处理,维护制度的严肃性和权威性。同时,高校还应建立体育育人工作的信息公开制度,接受社会各界的监督和评价,增强工作的透明度和公信力。

从次,高校还应注重体育育人工作与其他工作的协调与配合。体育育人是高校整体工作的一部分,需要与其他工作相互协调、相互促进。因此,高校在制定和实施体育育人实践策略时,应充分考虑与其他工作的关联性和互动性,避免出现"单打独斗"和"各自为政"的现象。通过加强部门间的沟通与协作,形成工作合力,共同推动高校体育育人事业的蓬勃发展。

最后,高校应不断完善和创新体育育人的制度体系。制度是与时俱进的产物,需要随着时代的发展和实践的深入而不断完善和创新。因此,高校应定期对现有的体育育人规章制度进行审视和修订,及时剔除过时的内容、补充新的要素、调整不合理的条款,确保制度体系的时代性和前瞻性。同时,高校还应积极探索制度创新的有效途径和方法,借鉴国内外先进的经验和做法,为体育育人工作注入新的活力和动力。

总之,加强制度保障是高校体育育人实践策略中的重要一环。通过制定全面系统的规章制度、建立健全的评价机制、加强监督和管理、注重与其他工作的协调与配合,以及不断完善和创新制度体系等措施的实施,可以为高校体育育人工作提供坚实可靠的制度保障。

第三节　教师队伍建设与培训路径

高校体育育人作为高等教育的重要组成部分,不仅关乎学生的身体健康,更是培养其综合素质的重要途径。而体育教师队伍的建设与培训,作为高校体育育人工作的核心，直接影响着体育教育的质量和效果。因此，系统研究和深入探讨高校体育教师队伍的建设与培训路径，对推动高校体育育人工作的创新发展具有重要的理论价值和实践意义。

一、高校体育教师队伍建设的紧迫性与挑战

随着高等教育普及化和社会对人才需求的多样化，高校体育教育面临着前所未有的挑战。一方面，学生对体育教育的需求更加多元化、个性化；另一方面，社会对体育人才的要求也更加注重其综合素质和实践能力。这些变化对高校体育教师队伍的建设提出了新的、更高的要求。

然而，当前高校体育教师队伍的建设还存在一些问题，如教师队伍结构不合理、教师素质参差不齐、教师培训机制不完善等。这些问题的存在，严重制约了高校体育育人的发展。因此，加强教师队伍建设，提升教师的专业素养和教学能力，成为高校体育育人工作的紧迫任务。

二、高校体育教师队伍建设的目标与原则

新时代高校体育教师队伍建设的目标是构建一支数量充足、结构合理、素质优良、充满活力的体育教师队伍。为实现这一目标，需要遵循以下五个原则：一是以学生为中心，以满足学生的体育需求为出发点和落脚点；二是以德为先，注重教师的师德师风建设；三是专兼结合，既要建设一支专业化的体育教师队伍，也要充分利用校外体育资源，建立兼职教师队伍；四是注重实践，强调教师的实践能力和教学经验；五是动态管理，建立灵活的教师队伍管理机制。

三、高校体育教师队伍建设的策略与措施

（一）优化教师队伍结构

优化教师队伍结构是教师队伍建设与培训路径中的关键环节，对提升教育质量、推动教育改革具有深远的意义。一个结构合理、素质优良的教师队伍，是保障教育事业持续健康发展的核心力量。因此，我们必须从多个维度出发，全面优化教师队伍结构，以适应教育发展的需求。

首先，优化教师队伍结构需要关注教师的年龄分布。合理的年龄结构能够确保教师队伍的活力和稳定性。因此，我们应通过招聘、引进等方式，吸引更多年轻、有活力的教师加入教育事业，为教师队伍注入新鲜血液。同时，也要重视中老年教师的经验和智慧，充分发挥他们的示范和引领作用，形成老中青相结合的合理年龄梯队。

其次，优化教师队伍结构需要关注教师的学历和专业背景。随着教育改革的不断深入，对教师的专业素养和教育教学能力提出了更高的要求。因此，我们应提高教师的学历门槛，鼓励和支持在职教师进行学历提升和专业进修，提高教师队伍的整体学历水平。同时，要注重教师的专业背景与所教学科的匹配度，确保教师具备扎实的专业知识和教育教学能力。

再次，优化教师队伍结构需要关注教师的职称和骨干力量。职称是教师专业水平和学术成就的重要标志，也是激励教师不断进取的重要手段。因此，我们应建立完善的职称评审机制，确保职称评审的公正性和科学性，激发教师的职业发展动力。同时，要重视骨干教师的培养和使用，通过选拔、培养、使用等方式，打造一支高素质、高水平的骨干教师队伍，引领和带动教师队伍的整体发展。

从次，优化教师队伍结构还需要关注教师的地域分布和流动机制。合理的地域分布能够确保教育资源的均衡配置，提高教育公平性和普及程度。因此，我们应通过政策引导、经济激励等方式，鼓励优秀教师到边远地区、农村地区任教，促进城乡之间、区域之间的教师流动和交流。同时，要建立健全的教师流动机制，打破地域限制和校际壁垒，实现优质教育资源的共享和互补。

最后，优化教师队伍结构需要关注教师的培训和发展机会。培训是提升教师专业素养和教育教学能力的重要途径，也是激发教师职业热情的重要手段。因此，我们应建立完善的教师培训体系，制订科学合理的培训计划，确保培训内容的针对性和实效性。同时，要为教师提供多样化的培训方式和学习资源，满足他们不同的发展需求和学习兴趣。通过培训和学习，帮助教师不断更新教育观念、提高教育教学能力、增强创新意识和实践能力。

（二）加强师德师风建设

加强师德师风建设是教师队伍建设与培训路径中的核心要务，它关乎教育的根本宗旨和教师的职业操守。师德师风不仅是教师应有的品质，更是教育工作的灵魂，直接影响着学生的成长和社会的进步。因此，我们必须将师德师风建设摆在突出位置，通过一系列措施，全面提升教师的道德素养和职业操守。

师德是教师的立身之本，是教师从事教育工作的前提和基础。一个具备良好师德的教师，不仅能够赢得学生的尊重和信任，还能够为社会培养出更多优秀人才。因此，加强师德建设，首先要从教师的思想观念入手，引导教师树立正确的教育观、学生观和人才观，明确教育的根本任务是立德树人。同时，要加强教师的职业道德教育，使教师深刻理解职业道德的内涵和要求，自觉践行职业道德规范，做到为人师表、教书育人。

师风是教师的行为表现，是教师职业道德的外在体现。一个具备良好师风的教师，能够以身作则、率先垂范，为学生树立良好的榜样。因此，加强师风建设，要从教师的日常行为抓起，严格规范教师的言谈举止，使教师做到言传身教、以身作则。同时，要加强教师的团队协作精神培养，促进教师之间的交流与合作，形成积极向上的教师群体氛围。

在加强师德师风建设的过程中，制度建设是保障。学校应建立完善的师德师风考核评价机制，将师德师风表现作为教师评价的重要内容，与教师的职称晋升、岗位聘任等挂钩，形成有效的激励和约束机制。同时，要加强师德师风监督力度，设立专门的监督机构或人员，对教师的师德师风进行定期检查和不定期抽查，及时发现并纠正存在的问题。

此外，加强师德师风建设还需要注重教师的自我修养和自我提升。教师应自觉加强学习，不断提高自身的道德素养和职业操守。学校也应为教师提供必要的培训和学习机会，帮助教师提升专业素养和教育教学能力的同时，增强教师的道德自觉和道德自信。

同时，加强师德师风建设也需要全社会的支持和参与。社会各界应尊重教师的职业地位和劳动成果，为教师营造良好的工作环境和社会氛围。家长也应积极配合学校的工作，加强与教师的沟通与协作，共同促进学生的健康成长和全面发展。

（三）提升教师的专业素养和教学能力

提升教师专业素养和教学能力是教师队伍建设与培训路径中的核心目标，它直接关系到教育教学质量和学生的全面发展。随着教育理念的不断更新和技术的日益发展，教师的专业素养和教学能力面临着更高的要求和挑战。因此，我们必须采取有力措施，全面提升教师的专业素养和教学能力，以适应教育事业的发展需要。

提升教师专业素养，首先要加强教师的学科知识储备。教师应深入理解所教学科的基本概念、原理和方法，掌握学科发展的前沿动态和最新成果，确保教学内容的准确性和先进性。同时，教师还应具备跨学科的知识和素养，能够综合运用多种学科知识解决教育教学中的实际问题，培养学生的综合素质和创新能力。此外，教师还应具备良好的教育理论知识，包括教育学、心理学、课程与教学论等，以指导教学实践，提高教学效果。

提升教师教学能力，要注重培养教师的教学设计和组织能力。教师应根据学生的认知特点和学习需求，精心设计教学内容和教学过程，选择合适的教学方法，激发学生的学习兴趣和积极性。同时，教师应具备良好的课堂组织能力，能够有效管理课堂，维持良好的教学秩序，确保教学任务的顺利完成。此外，教师还应具备教学反思和评价能力，能够对自己的教学过程进行客观分析和评价，发现教学中存在的问题和不足，及时改进教学策略和方法，提高教学效果和质量。

在提升教师专业素养和教学能力的过程中，实践锻炼是必不可少的环节。学校应为教师提供丰富的实践教学机会和资源，鼓励教师积极参与课堂教学、课外活动、社会实践等多种形式的教学实践，积累教学经验，提高教学能力。同时，学校还应加强与企业、社区等机构的合作与交流，为教师提供更广阔的实践舞台和学习平台，促进教师的专业成长和发展。

此外，提升教师专业素养和教学能力还需要建立完善的培训和学习体系。学校应根据教师的实际需求和发展目标，制订和构建科学合理的培训计划和课程体系，提供多样化的培训方式和学习资源，满足教师的不同学习需求和发展愿望。培训内容应涵盖学科知识更新、教育理念创新、教学方法改进等多个方面，帮助教师全面提升专业素养和教学能力。同时，学校还应鼓励和支持教师开展自主学习和研究活动，为教师提供必要的学习时间和研究条件，营造良好的学习氛围和研究环境。

（四）建立灵活的教师队伍管理机制

建立灵活的教师队伍管理机制是教师队伍建设与培训路径中的重要环节，对优化教师资源配置、激发教师活力、提升教育教学质量具有至关重要的作用。在当前教育改革不断深化的背景下，传统的教师队伍管理机制已难以适应新的发展需求，因此建立灵活、高效、富有弹性的教师队伍管理机制势在必行。

建立灵活的教师队伍管理机制首先要打破传统的编制限制，实现教师资源的动态调配。传统的教师编制制度往往导致部分学校教师超编，而部分学校则面临教师短缺的问题。建立灵活的教师队伍管理机制，就是要根据学校的实际需求，动态调整教师编制，实现教师资源的均衡配置。这可以通过校际的教师交流、区域性的教师资源共享等方式实现。

其次，要构建多元化的教师评价体系，激发教师的内在动力。传统的教师评价往往过于注重学生的考试成绩，而忽视了教师在教育教学过程中的付出和创新。建立灵活的教师队伍管理机制，就是要构建包括教学质量、科研能力、学生评价、同行评价等多个维度的教师评价体系，全面、客观地评价教师的工作绩效，从而激发教师的积极性和创造性。

再次，要注重教师的专业发展，为教师提供多样化的成长路径。每位教师都有自己的专业兴趣和发展方向，建立灵活的教师队伍管理机制，就是要尊重教师的个体差异，为教师提供个性化的培训和发展机会。这可以通过设立教师发展中心、开展校本研修、鼓励教师参与课题研究等方式实现。

从次，要建立有效的激励机制，吸引和留住优秀人才。教师是学校最宝贵的资源，建立灵活的教师队伍管理机制，就是要通过合理的薪酬制度、优越的福利待遇、良好的工作环境等方式，吸引和留住优秀人才，确保教师队伍的稳定和发展。

最后，要强化教师的责任感和使命感，形成积极向上的教师群体氛围。通过建立明确的教师职责和任务、加强教师职业道德教育、开展丰富多彩的教师活动等方式，增强教师的归属感和荣誉感，使教师真正成为学生健康成长的引路人和社会进步的推动者。

四、高校体育教师的培训路径

（一）构建完善的培训体系

构建完善的培训体系是教师队伍建设与培训路径中的关键环节，对提升教师的专业素养、教学能力及整体教育质量具有至关重要的作用。在当前教育改革不断深入、教育理念不断更新的背景下，构建一套科学、系统、完善的培训体系显得尤为重要。

构建完善的培训体系首先要确立明确的培训目标。这些目标应该紧密围绕提升教师的专业素养和教学能力来设定，包括更新教师的教育理念、拓宽教师的知识视野、提升教师的教学技能、增强教师的创新能力等。同时，培训目标还应该具有可操作性和可衡量性，以便对培训效果进行科学的评估。

其次，要设计多元化的培训内容。培训内容应该根据教师的实际需求和发展阶段来制定，既要包括学科知识的更新和拓展，也要涵盖教育理念的转变和教学方法的创新。此外，还应该注重教师的实践能力培养，通过案例分析、模拟教学、教学反思等方式，提升教师解决实际问题的能力。同时，培训内容还应该关注教师的心理健康和职业发展，帮助教师缓解工作压力，提升职业幸福感。

再次，要采用多样化的培训方式。传统的培训方式往往以讲座、报告为主，这种方式虽然能够传递大量的信息，但缺乏互动和实践环节，培训效果有限。因此，构建完善的培训体系应该采用多种培训方式相结合的方法，如工作坊、研讨会、观摩教学、在线学习等。这些方式既能够增加培训的互动性和实践性，也能够满足不同教师的学习需求。

从次，要建立完善的培训评估机制。培训评估是检验培训效果的重要手段，也是改进培训工作的重要依据。构建完善的培训体系应该建立包括反应评估、学习评估、行为评估和结果评估在内的四级评估体系。通过问卷调查、测试、观察、访谈等方式收集数据，对培训效果进行全面的评估和分析。同时，还应该建立培训反馈机制，及时收集教师的意见和建议，对培训工作进行持续的改进和优化。

最后，要确保充足的培训资源。培训资源是构建完善培训体系的重要保障。这些资源包括优秀的培训师资队伍、丰富的培训课程资源、先进的培训设施设备等。学校应该加大投入力度，积极引进优秀的培训师资和课程资源，为教师提供高质量的培训服务。同时，学校还应该加强培训设施设备的建设和管理，确保培训工作的顺利开展。

（二）创新培训模式与方法

创新培训模式与方法是教师队伍建设与培训路径中的核心要素，对提升教师的专业素养、增强教学实践能力及推动教育教学改革具有深远的意义。在当前教育信息化、现代化的背景下，传统的教师培训模式已难以满足教师队伍发展的需求，因此我们必须积极探索创新培训模式与方法，为教师的专业成长注入新的活力。

首先，创新培训模式要注重教师的主体地位，实现从"被动接受"到"主动参与"的转变。传统的教师培训往往采用"讲授式"教学，教师在培训中处于被动接受的地位，培训效果有限。因此，我们要构建以教师为中心的培训模式，鼓励教师积极参与培训过程，通过研讨、交流、合作等方式，激发教师的主动性和创造性。例如，可以采用问题导向的培训方法，引导教师围绕教育教学中的实际问题进行深入探讨，寻找解决方案，从而提升教师的问题解决能力和实践智慧。

其次，创新培训方法要充分利用现代信息技术手段，打破时间和空间的限制。随着信息技术的快速发展，网络培训、远程培训、在线学习等新型培训方式应运而生。这些方式具有灵活、便捷、高效等特点，能够为教师提供个性化的学习体验。因此，我们要积极运用现代信息技术手段，构建线上线下相结合的培训模式，为教师提供多样化的学习选择。例如，可以利用网络平台开展在线课程学习、教学案例分享、教育问题研讨等活动，促进教师之间的交流与互动。

再次，创新培训模式与方法要注重实践导向，强化教师的教育教学能力。教师的专业素养和教学能力需要在实践中不断锤炼和提升。因此，我们要构建实践导向的培训模式，将理论学习与实践操作相结合，通过观摩教学、教学实习、课例研究等方式，提升教师的实践能力和教学反思能力。例如，可以采用"影子教师"的培训方法，让新教师跟随优秀教师进行教学实践，学习优秀教师的教学经验和教学技巧，从而快速提升自己的教学能力。

最后，创新培训模式与方法还要关注教师的个性化需求，实现因材施教。每位教师都有自己的专业背景、教学经验和发展需求，因此，我们要构建个性化的培训模式，根据教师的实际情况和发展目标，量身定制培训方案和内容。例如，可以采用分层分类的培训方法，将教师按照学科、教龄、发展阶段等因素进行分类，为不同类别的教师提供有针对性的培训内容和方式。

（三）强化实践教学能力培养

强化实践教学能力培养是教师队伍建设与培训路径中的关键环节，对提升教师的教育教学水平、增强学生的实践能力和创新精神具有至关重要的作用。在当前教育改革不断深化、人才培养模式不断创新的背景下，教师的实践教学能力已成为衡量教师专业素养和教学能力的重要标准之一。因此，我们必须采取有力的措施，强化教师的实践教学能力培养，以适应教育事业的发展需要。

要强化实践教学能力培养，首先要提升教师对实践教学的认识和理解。实践教学是一种以学生为主体、以实践为手段、以能力提升为目标的教学方式，它强调学生在实践中学习、在探索中进步。教师要深入理解实践教学的内涵和特点，明确实践教学在人才培养中的重要地位和作用，从而自觉地将实践教学理念融入自己的教学。

其次，要加强实践教学的理论研究和实践探索。实践教学的理论研究是提升教师实践教学能力的基础，只有深入理解实践教学的本质和规律，才能更好地指导实践教学。同时，教师还要积极参与实践教学的实践探索，通过亲身实践、反思总结、交流分享等方式，不断地积累实践教学经验，提升自己的实践教学能力。

再次，要注重实践教学的技能训练。实践教学不仅需要教师具备扎实的学科知识和教学理论知识，还需要教师具备一定的实践教学技能。这些技能包括实验操作技能、社会实践指导技能、课程设计技能等。学校应该为教师提供多样化的实践教学技能训练机会和资源，帮助教师掌握必要的实践教学技能，提高实践教学的效果和质量。

从次，要加强实践教学的管理与评价。实践教学的管理与评价是保障实践教学质量的重要手段。学校应该建立完善的实践教学管理体系和评价机制，对教师的实践教学进行全程跟踪和全面评价，及时发现问题并进行改进。同时，学校还应该鼓励和支持教师开展实践教学的创新和改革，为教师提供必要的政策支持和经费保障。

最后，要构建良好的实践教学环境。良好的实践教学环境是教师开展实践教学的重要保障。学校应该加强实践教学的硬件设施建设，为实践教学提供必要的场地、设备和器材。同时，学校还应该加强实践教学的软件环境建设，营造良好的实践教学氛围，激发教师开展实践教学的积极性和创造性。

（四）加强国际交流与合作

加强国际交流与合作是教师队伍建设与培训路径中不可或缺的一环，对提升教师的国际视野、引进国外先进的教育理念与教学方法、推动教师队伍的国际化发展具有深远的意义。在当前全球化日益加速、国际教育交流与合作不断深化的背景下，加强国际交流与合作已成为提升教师队伍整体素质、打造高水平教师队伍的重要途径。

加强国际交流与合作，首先要开阔教师的国际视野。通过组织教师参加国际学术会议、访问国外知名教育机构、与国际同行进行深入的学术交流等活动，使教师能够及时了解国际教育的最新动态和发展趋势，领略不同国家的教育理念和教学特色，从而拓宽教育教学的思路和视野。同时，学校还应鼓励教师积极参与国际教育项目合作，通过与国际伙伴学校的联合教学、课程开发等合作实践，提升教师的国际化教育能力和跨文化交流能力。

其次，要引进国外先进的教育理念与教学方法。国外许多国家和地区在教育改革和教师培养方面积累了丰富的经验，形成了具有自身特色的教育理念和教学方法。通过加强国际交流与合作，我们可以积极引进这些先进的教育理念和教学方法，结合我国教育的实际情况进行本土化改造和创新，以推动我国教育的改革与创新。例如，可以邀请国外教育专家来华举办讲座等，传授先进的教育理念和教学技能；也可以选派教师到国外进行长期或短期的进修学习，深入了解并学习国外的教育体系和教学方法。

再次，要加强教师队伍的国际化发展。学校应制定明确的国际化发展战略和目标，将教师队伍的国际化发展纳入学校整体发展规划。通过招聘具有国际教育背景的优秀教师、支持教师参加国际认证与评估、建立与国外教育机构的定期互访机制等方式，不断提升教师队伍的国际化水平。同时，学校还应加强对教师队伍国际化发展的支持与保障力度，如提供充足的国际化培训经费、建立完善的国际化教师评价体系等。

最后，要加强国际交流与合作还需要注重实效性和可持续性。在开展国际交流与合作时，我们应注重项目的实际效果和长远影响，避免形式主义和低效合作。同时，还应建立起稳定、长期、互惠互利的合作关系，确保国际交流与合作的可持续性发展。为此，我们需要加强对合作项目的跟踪评估和管理监督，及时调整合作策略和方向；同时还需要注重与合作方的沟通协调和文化融合工作，共同推动合作项目的顺利实施和成果共享。

综上所述，高校体育教师队伍建设与培训路径是一项系统而复杂的工作，需要高校从多个方面入手，制订科学合理的建设规划，建立完善的培训体系，创新培训模式和方法，并注重实践教学能力的培养。通过不断加强教师队伍建设和培训工作，高校可以培养一支高素质、专业化的体育教师队伍，为推动高校体育育人工作的创新发展提供有力的人才保障。展望未来，高校应继续深化改革创新步伐，不断探索适合自身发展特点的体育教师队伍建设与培训路径新模式和新路径，以适应高校体育教育发展的需求和挑战。

第四节　学生参与与激励机制设计

高校体育教育作为培养学生全面发展的重要环节，越来越受到社会各界的关注。而学生作为高校体育教育的主体，其参与程度和积极性直接影响着体育育人的效果。因此，设计科学合理的学生参与与激励机制，对提高高校体育育人的质量和效果具有重要的实践意义。本节旨在探讨高校体育教育中学生参与的现状与问题，分析激励机制设计的必要性与可行性，并提出具体的设计方案与实施建议。

一、高校体育教育中学生参与的现状与问题

（一）学生参与现状

在当前的高校环境中，学生对体育教育的参与度展现出了多样化的面貌，这种多样化的面貌不仅体现了学生对体育活动的不同兴趣，也反映了高校体育教育在吸引和培养学生参与方面所面临的挑战。

一方面，有一批学生对体育运动充满了热情和兴趣。他们不仅会积极参与课堂内的体育教学活动，还会在课外时间自发组织或参与各类体育社团和比赛。他们通过运动锻炼，不仅提高了身体素质，还在团队合作、竞争意识和挫折应对等方面得到了全面的锻炼和提升。这些学生的积极参与，无疑为高校体育教育的发展提供了有力的支持，也在很大程度上推动了校园体育文化的建设。

另一方面，也存在一部分学生对体育运动表现出冷淡或缺乏兴趣的态度。这部分学生可能是由于身体原因、兴趣偏好或其他原因，导致他们在体育活动中参与度较低。他们的低参与度，不仅影响了他们自身的身体健康和全面发展，也在一定程度上制约了高校体育育人的整体效果。

这种不平衡的参与度，实际上反映了高校体育教育在教学内容、教学方法和评价体系等方面可能存在的问题。为了改善这一状况，高校体育教育需要更加注重学生的个体差异，提供多样化的教学内容和形式，以满足不同学生的需求和兴趣。同时，也需要加强对学生参与度的引导和激励，通过举办各类体育比赛和活动，提高学生的参与热情和积极性。此外，高校体育教育还需要加强与社会的联系，引入更多的体育资源和活动，为学生提供更广阔的体育参与平台。例如，可以与企业、社区等合作，共同举办体育赛事和活动，让学生有机会参与到更高级别的比赛中，从而提升他们的体育素养和竞技水平。

（二）存在的问题

1.缺乏有效的激励机制

目前，高校体育教育中针对学生参与的激励机制尚不完善，这导致学生

参与体育活动的动力不足。为了激发学生的参与热情，高校应该建立多样化的激励机制。例如，可以设立体育奖学金，对在体育活动中表现突出的学生进行奖励；同时，还可以开展体育竞赛活动，通过竞赛激发学生的竞争意识和团队精神。此外，高校还可以将体育活动与学分挂钩，鼓励学生参与体育活动并获得相应的学分奖励。

2. 课程设置与需求脱节

部分高校体育课程设置过于传统和单一，无法满足学生多样化的体育需求。这导致学生参与体育活动的意愿不高，甚至产生抵触情绪。为了解决这个问题，高校应该根据学生的兴趣和需求，开设多样化的体育课程。例如，可以开设瑜伽、跆拳道、羽毛球等受学生欢迎的体育课程，以满足学生的不同需求。同时，高校还可以开展体育选修课程，让学生根据自己的兴趣选择适合自己的体育课程。

3. 教学方法单一

部分体育教师采用的教学方法单一枯燥，无法吸引学生的注意力和兴趣。这导致学生参与度低，无法取得良好的教学效果。为了改善这种情况，体育教师应该采用多样化的教学方法。例如，可以引入游戏化元素，通过有趣的游戏和活动来吸引学生的注意力；同时，还可以采用小组合作学习的方式，让学生互相合作、互相帮助，提高学习效果。此外，体育教师还可以利用现代科技手段，如多媒体教学、网络教学等，来丰富教学手段，提高学生的学习兴趣。

4. 评价机制不完善

高校体育教育的评价机制往往注重学生的运动成绩，而忽视了学生在参与过程中的表现和进步。这种评价方式导致部分学生缺乏参与动力，因为他们认为只有取得好成绩才能获得认可。为了改变这种局面，高校应该建立全面的评价机制。除了关注学生的运动成绩，还应该注重学生在体育活动中的表现、进步和态度等。通过全面的评价，让学生认识到参与体育活动的重要性，并激发他们的参与动力。

二、激励机制设计的必要性与可行性

（一）必要性

在当今的高等教育环境中，提高学生的参与度和积极性已成为一项至关重要的任务。特别是在体育领域，如何激发学生的热情，使他们全身心地投入体育活动，成了高校体育教育面临的一大挑战。为此，设计合理的激励机制显得尤为重要。

首先，激励机制能够直接促进学生的参与热情。通过设立奖励、荣誉和认可等形式的激励机制，能够使学生在参与体育活动时感受到成就感和自我价值感。例如，为在比赛中取得优异成绩的学生颁发奖学金或荣誉证书，不仅能够激励获奖者继续努力，还能激发其他学生的竞争欲望和参与热情。这种正向的反馈循环能够促使越来越多的学生积极参与到体育活动中。

其次，激励机制有助于学生在参与体育活动的过程中实现自我突破和提升。通过设定具有挑战性的目标和任务，能够促使学生不断挑战自我、超越自我。例如，在体能训练中设立阶梯式的目标，使学生能够在逐步实现目标的过程中不断提升自己的身体素质和技能水平。这种自我突破和提升不仅能够增强学生的自信心和自尊心，还能够促进他们全面发展。

最后，学生的广泛参与和积极投入是提升高校体育育人效果的关键，而激励机制设计正是实现这一目标的重要途径。通过合理的激励机制，高校能够营造出一种积极向上、充满活力的体育氛围，使更多的学生愿意投入体育活动。这种广泛的参与和积极的投入不仅能够提高学生的身体素质和健康水平，还能够培养他们的团队合作精神、竞争意识和挫折承受能力等综合素质。这些素质的提升将为学生未来的社会生活和职业发展奠定坚实的基础。

（二）可行性

1. 理论依据充足

激励机制设计在教育学、心理学、管理学等多个学科领域有着充足的理论基础，可以为高校体育育人提供有益的借鉴和指导。

2. 实践经验丰富

国内外许多高校在体育教育激励机制设计方面已经进行了有益的尝试和

探索，积累了丰富的实践经验，可以为其他高校提供借鉴和参考。

3.技术手段支持

现代信息技术和教育技术的发展为激励机制设计提供了有力支持，可以实现对学生参与情况的实时监控和精准激励。

三、学生参与与激励机制设计方案

（一）目标设定

在激励机制设计的过程中，我们首先要明确其目标，那就是提高学生的参与度、积极性和满意度，从而促进他们的全面发展。这一目标的设定，不仅体现了教育工作的核心理念，也是激励机制设计的出发点和归宿。

首先，提高学生的参与度是激励机制设计的基础。学生的参与度直接反映了他们对学习的投入程度。一个有效的激励机制应该能够激发学生的学习兴趣，使他们主动参与到学习活动中来。例如，我们可以通过设立奖励机制，对在学习上取得进步的学生进行表彰，从而激发他们的学习热情。同时，我们还可以通过组织各种形式的学习活动，如小组讨论、实践操作等，为学生提供更多的参与机会，使他们在参与的过程中感受到学习的乐趣。

其次，提高学生的积极性是激励机制设计的关键。学生的积极性决定了他们对待学习的态度和行为。一个成功的激励机制应该能够调动学生的学习积极性，使他们从被动学习转变为主动学习。为此，我们可以采用一些创新的教学方法，如问题导向学习、项目式学习等，让学生在解决问题的过程中体验到学习的成就感。同时，我们还可以营造一种积极的课堂氛围，鼓励学生发表自己的观点和想法，使他们在互动交流中不断提升自己的思维能力。

最后，提高学生的满意度是激励机制设计的目标之一。学生的满意度反映了他们对学习环境和教学质量的认可程度。一个合理的激励机制应该能够满足学生的个性化需求，使他们在学习中感受到被关注和尊重。因此，我们需要在激励机制的设计中充分考虑学生的个体差异和多元需求，为不同层次和类型的学生提供相应的激励措施。例如，对于学习基础薄弱的学生，我们可以提供针对性的辅导和支持；对于学习兴趣广泛的学生，我们可以提供多样化的学习资源和平台。

（二）原则遵循

在构建有效的学校体育激励机制时，我们必须遵循四大核心原则，即学生中心原则、公平性原则、动态性原则和可操作性原则。这些原则共同构成了激励机制的基石，确保了激励措施能够真正满足学生的需求，促进他们的积极参与，并在实践中得以顺利实施。

首先，学生中心原则强调了激励机制的出发点和落脚点应该是满足学生的体育需求。这意味着我们在设计激励机制时，必须深入了解学生的兴趣和需求，确保激励措施能够真正触动他们的内心，激发他们的参与热情。例如，我们可以设立多种体育奖项，以表彰在不同体育领域表现突出的学生，从而满足他们多样化的体育需求。同时，我们还可以通过开展体育调查，了解学生的体育偏好和期望，以便更好地调整和优化激励机制。

其次，公平性原则要求激励机制必须确保每个学生都有公平参与和获得激励的机会。这意味着我们在设计激励机制时，必须遵循公平、公正、公开的原则，避免出现歧视和不公现象。例如，我们可以通过制定明确的评选标准和程序，确保每个学生都有平等的机会获得奖励和认可。同时，我们还可以加强监督机制，确保激励机制的公正性和透明度，杜绝任何形式的不公平现象。

再次，动态性原则强调激励机制应根据学生参与情况的变化进行动态调整和优化。这意味着我们不能一成不变地沿用同一种激励机制，而应根据学生的参与情况和反馈，不断调整和完善激励措施。例如，我们可以通过定期评估学生的参与度和满意度，了解激励机制的实际效果，从而及时发现问题并进行改进。此外，我们还可以鼓励学生积极参与激励机制的设计和改进过程，充分发挥他们的主体性和创造力。

最后，可操作性原则要求激励机制的设计应简单易行，便于教师和学生操作和实施。这意味着我们在设计激励机制时，必须充分考虑其实用性和便捷性，确保教师和学生能够轻松地理解和执行。例如，我们可以简化评选流程和手续，减少不必要的环节和烦琐的程序，降低操作难度和成本。同时，我们还可以提供清晰的指导和说明，帮助教师和学生更好地理解和运用激励机制。

（三）具体措施

1. 建立积分奖励制度

根据学生参与体育活动的次数、表现和进步等因素，给予相应的积分奖励，积分可兑换体育用品、课程优惠等。

2. 实施差异化教学

针对不同层次和类型的学生开展差异化教学，满足他们的个性化需求，提高他们的参与意愿和满意度。

3. 创新教学方法

引入趣味性强、互动性高的教学方法，如游戏化教学、竞赛式学习等，激发学生的学习兴趣和积极性。

4. 完善评价机制

建立多元评价体系，注重学生在参与过程中的表现和进步，给予及时反馈和正面激励。

5. 加强宣传推广

通过校园广播、宣传栏、社交媒体等多种渠道加强对体育教育和激励机制的宣传推广，提高学生的认知度和参与度。

四、实施建议

随着社会的快速发展和教育改革的不断深化，体育教育在高校中的地位日益凸显。为了激发体育教师的积极性和创造力，提高体育教学质量，高校必须构建一套科学、有效的体育教育激励机制。接下来笔者将从组织领导、经费投入、监督反馈和教师培训四个方面，详细探讨如何加强和完善这一机制。

（一）加强组织领导

首先，高校应成立专门的领导小组，负责体育教育激励机制的设计与实施工作。这一领导小组应由校领导、体育部门负责人、教学管理人员等共同组成，确保各部门之间的职责分工明确，形成有效的协作机制。领导小组要定期召开会议，研究体育教育激励机制的运行状况，及时解决问题，推动激励机制的不断优化。

（二）加大经费投入

经费是体育教育激励机制得以实施的重要保障。高校应加大对体育教育激励机制的经费投入力度，确保各项激励措施得到有效落实和执行。这包括设立专项资金用于奖励表现突出的体育教师、改善体育场馆和器材设施、组织丰富多样的体育竞赛和活动等。通过加大对体育教育的投入，激发教师的工作热情，提升学生的学习动力。

（三）建立监督反馈机制

为了确保体育教育激励机制的顺利运行，高校应建立完善的监督反馈机制。这包括对激励机制实施过程的监督，对激励效果的评估，以及对反馈信息的收集和处理。高校可以定期组织专家对激励机制的实施情况进行评估和审查，及时发现问题并进行改进。同时，还应建立畅通的反馈渠道，鼓励师生对激励机制提出意见和建议，为机制的不断完善提供有力支持。

（四）注重教师培训

教师是体育教育激励机制的直接执行者，他们的专业素养和教学能力直接关系到激励机制的效果。因此，高校应加强对体育教师的培训和教育。这包括定期组织专业知识培训、教学方法研讨、教学经验交流等活动，提高教师的教育教学水平。同时，还应鼓励教师参加国内的外学术交流活动，拓宽视野，增强创新能力。通过加强教师培训，为激励机制的实施提供有力支持。

本节对高校体育教育中学生参与的现状与问题进行了分析，阐述了激励机制设计的必要性与可行性，并提出了具体的设计方案与实施建议。这些研究成果对推动高校体育教育的改革创新和学生全面发展具有重要的理论价值和实践意义。展望未来，高校应继续深化对体育教育激励机制的研究与探索，不断完善和优化激励措施，以适应高校体育育人工作的开展需求。同时，高校还应加强与国内外其他高校的交流与合作，共同推动高校体育教育事业的蓬勃发展。

第五节　本章小结

高校体育育人实践策略，是在深入理解和把握教育背景、人才培养需求及体育教育发展规律的基础上，形成的一套系统且富有创新性的行动方案。这一章着重探讨了如何将体育育人的理念转化为具体、可行的实践行动，进而推动高校体育教育的全面革新与提升。

在实践策略的构建上，本章强调了以学生为中心的教育理念，提出了体育教育应紧密围绕学生的全面发展需求，注重培养学生的体育素养、健康意识和终身体育锻炼的习惯。同时，针对当前高校体育教育中存在的问题和挑战，如资源配置不均、课程内容单一、教学方法陈旧等，提出了一系列切实可行的改进策略。这些策略包括优化体育课程设置，增加选修课程种类，以满足不同学生的兴趣和需求；更新教学方法，引入现代教育技术，提高体育教学的互动性和趣味性；加强师资队伍建设，提升教师的专业素养和教学能力，为学生提供更高质量的体育教育服务。

此外，本章还着重强调了高校体育教育中的德育功能，提出在体育教学中融入德育元素，通过体育竞赛、团队协作等方式培养学生的集体荣誉感、团队合作精神和公平竞争意识。同时，通过体育活动的组织与实施，锻炼学生的意志品质、抗压能力和社会适应能力，为他们的未来发展奠定坚实的基础。

在实践策略的实施过程中，本章还强调了评价与反馈机制的重要性。通过建立科学、全面的评价体系，收集学生对体育教育的反馈意见，及时调整和改进教学策略，确保体育育人的实践行动能够真正落到实处，取得实效。同时，通过与国内外其他高校的交流与合作，借鉴先进的体育教育理念和实践经验，不断完善和优化自身的实践策略，推动高校体育教育的持续创新与发展。

总的来说，高校体育育人的实践策略是一个系统、全面且富有创新性的行动方案。它不仅关注学生的体育技能和身体素质的提升，更注重培养学生的综合素质和社会适应能力。通过实施这些策略，高校体育教育有望在教育改革中发挥更大的作用，为培养德智体美劳全面发展的社会主义建设者和接班人做出更大的贡献。同时，这也需要高校、教师、学生及社会各界的共同努力和持续探索，以不断推动高校体育育人的实践行动走向深入。

第六章　高校体育与大学生德育的关系剖析

第一节　高校体育是大学生道德培养的重要载体

高校体育作为教育资源，承载和传递着爱国、坚韧、合作等丰富的道德价值观。这些道德价值观依据不同的运动项目的技术特征，通过高校体育教育的形式发挥大学生德育培养的功能。通过调查研究发现，足球、篮球、排球不仅能培养学生的团队协作能力和凝聚力，而且能激发大学生顽强拼搏的精神，田径项目可以培养学生不轻易放弃、奋勇向前的精神品质，体操、健美操和舞蹈不仅能提高学生的审美能力，而且能陶冶学生的情操，有助于学生美育的培养。此外，参加体育活动无疑为学生发泄各种负面情绪提供了渠道，有助于学生消除不良情绪，保持积极、健康、向上的心理状态，培养良好的心理素养。同时，在体育运动中，学生之间会有直接的交流和互动，这将促进学生的社会交往能力和正确处理人际关系的能力。足球、篮球这些集体运动项目，除了需要个人具备突出的技术能力，还需要团队具备战术能力和相互协作能力；体操项目在实践过程中有一定的风险，需要其他同学或老师在一旁辅助保护，避免受伤，因此学习体操的学生逐渐形成了互帮互助、信任彼此的观念。学者普遍认为，体育在培养大学生的思想意志、行为方式和人际交往能力方面起着重要的作用。

一、培养大学生的团队协作精神

高校体育活动往往以团队形式进行，如篮球、足球等集体项目。在这些活动中，学生需要与他人紧密合作，共同完成任务。这种团队协作的过程不仅锻炼了学生的身体素质，更重要的是培养了他们的团队协作精神。通过体育活动，学生可以学会如何与他人沟通、如何分工协作、如何面对困难时相互支持等，这些都是团队协作中必不可少的要素。这种团队协作精神的培养对大学生未来的社会生活和职业发展都具有重要意义。

二、锻炼大学生的意志品质

体育活动往往需要学生付出较大的努力和坚持，如长跑、游泳等耐力项目。在这些活动中，学生需要克服身体的疲劳和心理的困难，坚持完成任务。这个过程不仅锻炼了学生的身体素质，更重要的是锻炼了他们的意志品质。通过体育活动，学生可以学会如何在面对困难时坚持不懈、如何在克服挫折时保持信心等，这些都是意志品质中必不可少的要素。这种意志品质的培养对大学生未来的生活和工作都具有重要意义。

三、增强大学生的竞争意识

体育活动中的竞赛元素可以激发学生的竞争意识和进取心。在比赛中，学生需要与他人竞争，争取胜利。这种过程不仅锻炼了学生的身体素质和技能水平，更重要的是增强了他们的竞争意识和进取心。通过体育活动，学生可以学会如何在竞争中保持冷静、如何在失败中吸取教训并继续努力等，这些都是竞争意识中必不可少的要素。这种竞争意识的培养对大学生未来的职业发展和参与社会竞争都具有重要意义。

四、塑造大学生的良好行为习惯

高校体育还可以通过规范学生的行为举止等方面来塑造他们的良好行为习惯。在体育活动中，学生需要遵守比赛规则、尊重对手和裁判等，这些行为举止的规范有助于培养他们的公平竞争意识和尊重他人的品质。同时，通过体育活动的长期参与和实践，学生可以逐渐形成良好的运动习惯和健康的生活方式，这对他们的身心健康和全面发展都具有积极的影响。

第二节　高校体育是大学生道德培养的有效途径

体育教学是一个实践过程，在此过程中大学生可以逐步形成良好的意志品质，使大学生的心理素质变得更加成熟。德育工作的目的在于使学生的信念更加坚定，心理更加健康，社会适应能力更加成熟，在实践中，要积极引导大学生树立正确的价值观，使学生的心理健康更加突出，团结协作意识更加突出，永不言弃的精神更加坚定。针对学生的差异，因材施教地选择不同方式方法进行教育，充分融合"三全育人"教育理念，充分发挥学生的能动作用。同时，在高校体育实施大学生德育的过程中，要将德育理念渗透到学生的日常生活中，课上课下有效衔接，形成良好的道德氛围，使大学生有效地形成德育认知。在德育培养过程中，通过体育教学能够更好地发挥德育功能，有利于学生接受和采纳。总的来说，在德育过程中，高校体育是一个重要的载体，具有重要的地位。同时，体育教师要认识到德育的功能，使体育更好地为思想政治教育服务。

一、加强体育课程的德育渗透

在体育课程的设置和教学过程中，注重德育目标的融入和实现。通过丰富多样的体育教学内容和方法，引导学生在参与体育活动的过程中培养道德品质和行为习惯。例如，在篮球课程中强调团队协作和公平竞争的原则；在长跑课程中培养学生的意志品质和坚持不懈的精神等。同时，加强体育教师对德育工作的认识和重视程度，提高他们的专业素养和德育能力，为体育课程的德育渗透提供有力的保障。

二、开展丰富多彩的校园体育活动

通过组织各种形式的校园体育活动，如体育竞赛、运动会、体育文化节等，为学生提供更多的参与机会和平台。这些活动不仅可以锻炼学生的身体素质和技能水平，更重要的是可以在集体活动中培养学生的团队协作精神、竞争意识和良好行为习惯等。同时，通过校园体育活动的广泛开展和宣传，可以营造良好的校园体育文化氛围，为学生的道德发展创造有利的环境。

三、注重体育与德育的有机结合

在体育活动中注重德育元素的融入和渗透，实现体育与德育的有机结合。例如，在足球比赛中强调尊重裁判和对手的原则；在排球比赛中培养学生的团队协作精神和集体荣誉感等。这种有机结合的方式可以使学生在参与体育活动的过程中潜移默化地受到德育的熏陶和影响，从而达到更好的教育效果。

第三节　德育有利于进一步丰富高校体育的教育价值内涵

一、对高校体育教育改革的推进

传统的体育观念还有很多需要改进的地方，但大多数学校领导和体育教师对体育的改革和发展不够重视。很多教师认为体育只是培养学生专业技能、提高身体素质的课程。在体育道德教育的发展过程中，我们有机会促进教育改革的深化。通过深入研究高校体育发展过程中的各种问题，教育研究者能够发现传统观念中的弊端，并提出相应的改进措施。例如，我们可以引入更多元化的体育项目和活动，以满足不同学生的兴趣和需求；同时，加强体育理论知识的传授，帮助学生更好地理解体育背后的文化内涵和价值意义。此外，我们还需要加强体育教师的培训和教育，提高他们的专业素养和教学能力。只有教师具备了先进的体育观念和教学方法，才能更好地引导学生参与体育活动，激发他们的兴趣和热情。

二、对大学生德育教育理念的影响

体育教育的功能和作用不仅在于使学生学习技术技能，还在于提高学生的身体素质，更在于培养和塑造学生的思维、个性、综合素质的全面发展。在学习和改进高校体育教学的过程中，可以进一步探索德育的重要作用，丰富和完善德育的内容，积极拓宽德育途径。

体育教育在提升学生的身体素质方面发挥着至关重要的作用。众所周知，健康的身体是一切活动的基础。体育教育通过科学、系统的训练，使学生掌握各种运动技能，增强身体素质，培养健康的生活方式和习惯。这对学生未来的学习和工作都有着重要的影响。然而，体育教育的作用远不止于此。它更是培养学生思维能力和个性特点的重要途径。在体育活动中，学生需要不断地思考、判断、决策，这些过程无疑会锻炼他们的思维能力。同时，体育活动也为学生提供了展示自我、挑战自我、超越自我的机会，有助于塑造他们积极向上的个性特点。此外，体育教育在提升学生的综合素质方面也发挥着不可替代的作用。在体育活动中，学生需要与他人合作、沟通、协调，这不仅能够培养他们的团队协作能力和社交能力，还能够提升他们的心理素质和应对挫折的能力。

因此，在改进高校体育教学的过程中，我们应充分认识到体育教育在德育方面的重要作用。我们可以将丰富和完善的德育内容融入体育教学，以培养学生的体育精神、团队精神、竞争意识等。同时，我们还应积极拓宽德育的途径，如开展形式多样的体育活动、举办体育竞赛、组织体育社团等，让学生在参与体育活动的过程中，全面提升自己的德育素养。

三、提高师生道德修养

在体育教学中，教师是学生的榜样。首先，体育教师要培养良好的品德，热爱本职岗位，努力工作，以严谨认真的态度开展体育教学，才能向学生传授优秀的体育精神品质，使他们融入体育教学。其次，体育教师要对学生进行道德教育，使学生形成良好的意志品质，以积极的态度面对体育。中国的生活环境越来越多样化，作为人生观、价值观不成熟的学生，他们的思想还处于不断丰富和成长的阶段，德育是学生成长的迫切需要，因此应加强道德教育的培养，提出有针对性的改进策略，有效提高道德教育的效果，帮助大学生在成长过程中树立正确的价值观。

首先，体育教师要树立良好的师德师风，以身作则，展现出严谨认真的教学态度。他们应该热爱自己的岗位，全身心地投入体育教育事业，用自己的实际行动去影响和感染学生。只有这样，学生才能在潜移默化中受到熏陶，逐渐培养出对体育的热爱和敬畏。

其次，体育教师要将优秀的体育精神融入日常教学。体育精神不仅仅是竞技场上的竞争和拼搏，更是一种积极向上的生活态度和价值观。通过体育教学，教师可以引导学生树立正确的胜负观，学会在失败中汲取教训、在成功中保持谦逊。同时，体育精神还能够培养学生的团队合作精神和责任感，使他们在未来的生活和工作中更加从容和自信。

再次，体育教师还要加强对学生的道德教育。随着社会的快速发展，学生面临着越来越多的诱惑和挑战，他们的道德观念和价值观也在不断地受到冲击。因此，体育教师有责任在教学中加强对学生的道德引导，帮助他们形成正确的道德认知和行为习惯。例如，在体育活动中，教师可以强调公平竞争的重要性，引导学生尊重对手、遵守规则；在团队合作中，教师可以培养学生的团结协作精神，让他们学会分担责任、互相支持。

最后，为了更有效地提高道德教育的效果，体育教师还需要不断探索和创新教学方法。他们可以结合学生的实际情况和需求，设计有针对性的教学活动和课程内容，让学生在参与过程中自然而然地受到道德教育的熏陶。同时，体育教师还可以借助现代科技手段，如多媒体教学、网络教学等，来丰富教学手段和形式，提高道德教育的吸引力和感染力。

总之，德育在培养学生的人生观和价值观方面起着重要的作用。体育德育的全面实施需要用坚定的信念去探索，才能真正使德育与高校体育融为一体。

四、德育教育有利于丰富体育教学内容

德育教育是一门实践性很强的学科，开展德育教育具有许多意义。一方面，体育教学与德育培养融合，可以进一步强化德育效果，促使师生共同掌握德育知识，并内化于心，有利于教师更好地贯彻立德树人这一根本任务。另一方面，大学生德育是一个庞大的课题，教师在实施德育的过程中有利于系统地制订德育计划，有利于契合高校育人理念，制定体育教学与德育有机结合的教学举措，将德育知识更好地与体育教学知识融合，能够实现体育教

学与德育的平衡。

具体来讲，首先，体育教学与德育培养的融合，进一步强化了德育的实际效果。在传统的体育教学模式中，知识的传授与品德的培养往往被割裂开来，二者之间缺乏有机的联系。然而，当我们将德育融入日常的体育教学过程，不仅能够使德育知识更加生动、具体，还能促使师生在共同探讨、实践的过程中，将德育知识内化为自身的行为准则。这样一来，不仅教师的立德树人任务得到了更好的贯彻，学生的道德品质也在潜移默化中得到了提升。

其次，大学生德育作为一个庞大而复杂的课题，需要教师在实施德育的过程中具备系统性和针对性。通过将德育融入体育教学，教师可以更加系统地制订德育计划，明确德育的目标、内容和方法，从而确保德育工作的有序进行。同时，这种融合也有助于契合高校的育人理念，使体育教学举措更加符合人才培养的实际需求。通过将德育知识与体育教学知识有机结合，不仅可以丰富体育教学内容，还能提高学生的学习兴趣和积极性，实现体育知识与品德的双向提升。

最后，体育教学与德育的平衡也是这种融合模式的重要体现。在体育教学过程中，教师不仅要注重体育知识的传授，还要关注学生的品德发展。这种平衡不仅体现在体育教学内容的安排上，更体现在体育教学方法的运用上。例如，教师可以通过案例分析、角色扮演等互动式教学方法，让学生在参与的过程中体验德育知识的实际意义，从而增强德育的实效性和针对性。

五、德育教育有利于优秀体育文化的传承

在探索高校体育的发展路径时，我们应紧紧把握特色体育这一核心要素，积极响应国家政策的号召，深入挖掘并传承区域文化的独特魅力，激发大学生的参与热情，不断深化体育教学改革，以推广优秀的体育文化为己任。在这一过程中，集体项目和传统体育精神的融合成为我们突破的关键点。

集体项目在高校体育中占有举足轻重的地位。在集体项目的活动中，学生学会了如何与他人相互理解、团结协作、互帮互助。个人的行为在团队中受到积极的影响，需要与团队成员建立良好的协作关系。这种协作配合不仅能够有效促进个人精神品格的养成，更能培养学生的集体荣誉感和责任感。

例如，作为团队的一员，学生需要懂得关心他人、帮助他人，这是集体项目中不可或缺的品质。通过团队间的比赛，学生可以更加明确公平竞争的规则，同时在恶劣的条件下磨炼意志品质，培养坚韧不拔的精神。

此外，中国传统体育以其独特的民族性、娱乐性和健身性优势，为高校体育的发展提供了丰富的资源。随着高校体育的不断改革创新，我们应把握体育文化同化与异化、融合与发展的时代精神，将传统体育精神融入高校体育教学中。这不仅能够激发大学生参与体育活动的积极性，还能用新颖的体育教学模式唤醒他们的生命潜能，促进他们的身心全面发展。在这个过程中，学生能够深刻体验到生命的价值，从而有利于优秀体育文化的传承和弘扬。

第四节　本章小结

本章深入剖析了高校体育与大学生德育之间的紧密关系，阐述了两者相互促进、相辅相成的教育价值。

在第一节中，我们明确了高校体育不仅是锻炼身体的基本手段，还是大学生道德培养的重要载体。通过参与体育活动，学生可以学习到公平竞争、团队协作、尊重他人等重要的道德品质。

第二节进一步探讨了高校体育作为大学生道德培养的有效途径。体育活动中的规则、纪律和竞技精神，都为德育提供了生动的教材和实践平台。学生在体育活动中所经历的挑战、合作与竞争，都有助于他们形成健全的人格和良好的道德品质。

第三节则强调了德育对高校体育教育价值内涵的丰富作用。德育的融入不仅提升了体育教育的层次和深度，还使体育教育更加全面、立体。通过德育的引导，学生可以更加深入地理解体育精神，更加积极地参与体育活动，从而实现身心的全面发展。

综上所述，高校体育与大学生德育之间存在着紧密的联系和相互促进的作用。在未来的教育实践中，我们应更加注重两者的融合与渗透，以体育促德育，以德育丰体育，共同推动大学生的全面发展和健康成长。

第七章　高校体育竞赛体系构建研究

第一节　高校体育竞赛目标体系构建

一、整体目标

目标一：面向且覆盖全体高校适龄学生。

体教融合背景下的高校体育竞赛体系，既适合全体普通高校学生参赛，也适合体育特长学生参赛，关键目标在于建立覆盖到所有高校学生的体育竞赛体系，旨在为每一个高校学生提供所需的参赛机会。

目标二：激发学生的参赛兴趣。

体教融合背景下的高校体育竞赛体系，以构建更易于不同层次高校学生参加、有充足的体育竞赛资源保障、竞赛内容更为丰富、学生更为喜欢、能让全体高校学生体会到体育竞赛带来的乐趣、更能激发高校学生参赛兴趣的体育竞赛体系为目标。

目标三：围绕竞赛育人全面发展。

体教融合背景下的高校体育竞赛体系核心思想是让全体高校学生通过参加体育竞赛促进身心健康发展、人格健全发展，磨炼学生不怕困难、顽强拼搏、永不放弃等意志品质。

二、实际运作目标

目标一：竞赛资源改善深度融合发展。

开展高校体育竞赛所需的人力资源（管理人员、教练员、裁判员）和物质资源（竞赛经费、场地设施）由教育部和国家体育总局深度融合发展，同时将符合各高校条件的社会力量也适当地融入其中。逐步将高校学生培养成为组织开展高校非正式体育竞赛的主体，充分发挥高校学生这一庞大的群体和精锐的教师群体的综合效用。高校开展体育竞赛充分根据高校学生的课余时间进行合理安排，充分利用周末和假期时间。

目标二：竞赛管理规章制度加大力度完善制定。

将进一步完善制定针对全体高校学生积极参赛、高校体育竞赛工作者积极组织并指导高校体育竞赛的评价督导制度和激励奖惩制度。

目标三：竞赛组织结构健全且职能明确。

体教融合背景下高校校际、校内体育竞赛组织机构体系健全，各职能机构明确分工、紧密联系，无法作为单个个体独立运行，需相互支持、融为一体才能协同发展。

目标四：竞赛赛事系统层次分明且内容丰富。

体教融合背景下高校校内和校际体育竞赛赛事系统以根据不同层次高校学生和高校规模类型划分、竞赛项目和竞赛形式丰富多样、实现竞赛经常性、适应现代体育竞赛赛事系统发展为目标。

第二节　高校体育竞赛资源体系构建

一、经费资源

首先，将国家教育部门和体育部门用于支持组织开展高校体育竞赛的经费充分融合到一起，并由主管高校体育竞赛的财务部门进行统一划分，以确保支撑各类高校体育竞赛最基本的开展和运行。其次，教育部门与体育部门共同制定准入社会力量承办高校体育竞赛的要求或规章制度等，以投标的形式，将中标企业资助的经费也融入各高校体育竞赛的发展。再次，教育部门和体育部门共同积极地与合适的社会公益基金等合作，获得它们对高校体育竞赛经费方面的支持。最后，培养较有影响力的高校体育竞赛成为品牌，通过设计、售卖符合该品牌高校体育竞赛的商品（服饰等），开发观赛门票收入、转播权等，将这些收入都用于支持高校体育竞赛的发展。

二、场地设施资源

各地高校全面免费或低收费向本校及周边高校全体师生针对组织开展体育竞赛所需开放体育场馆设施；社会体育场馆全面放开，对高校体育竞赛的开展实行免费或低收费标准，保证高校师生不因场地设施不足或开放不足而影响开展各类体育竞赛的积极性。

三、非物质资源

（一）人力资源

首先，体教融合背景下高校校际、校内体育竞赛面向全体适龄学生，校际体育竞赛是将各地区体育系统中的适龄学生整合到教育系统中，所有适龄学生都在教育系统中；其次，对高校校际体育竞赛所涉及的体育竞赛管理人员、教练员、裁判员进行充分整合，再将不同部门的竞赛工作人员融于教育体系中合力共事，且确保不同部门人员所占比例能够保持平衡；教练员的深度融合可以通过各地区普通本科院校与体育院校等建立沟通机制，充分进行交流、互促发展。最后，在各高校体育竞赛教师的带领指导下，鼓励并尝试由高校学生负责组织运行各类非正式的高校校内、校际体育竞赛。

（二）时间资源

每学期除特殊时节（如期末考试等），有效利用周一至周五下午课程结束后到晚上的这段时间，主要由高校体育俱乐部、体育竞赛部的学生负责组织开展各类校内体育竞赛，并且要求各类体育竞赛每周至少组织 2 次；周末及小长假期间，各级领导委员会负责组织开展本市范围内的高校体育选拔赛，高校普通学生的校际体育竞赛主要由高校各体育俱乐部负责开展；寒暑假期间，由各级领导委员会内部选拔出来的各地市各体育竞赛项目前 6～8名高校代表队参加省级大学生单项体育竞赛，再由省级选拔出来的各竞赛项目的前 6 名高校代表队伍参加全国大学生各单项体育竞赛；各高校普通学生则可以参加各类自己感兴趣的冬夏令营体育竞赛。

（三）信息资源

各高校组织开展或参加的校内、校际体育竞赛的相关图文推送，由高校内学生会体育部和宣传部共同联合在微信、微博、高校官网端等发布运营；高校校际体育竞赛相关管理部门的分支机构（宣传部门）对各全国性、省市级高校学生体育竞赛进行及时准确、吸引眼球的宣传，充分结合当下学生、社会喜闻乐见的获取信息的渠道进行广泛宣传。

第三节　高校体育竞赛组织结构体系构建

一、高校校际体育竞赛组织结构体系

近期目标：组建由教育部和国家体育总局联合的国家青少年体育工作委员会，统筹管理全国青少年体育工作，赋予其统一规划青少年体育竞赛的职能，其下设的各专项委员会履行相对应的职能。各省组建由省教育厅和体育局联合的省级青少年体育工作委员会，统筹管理各省域内的青少年体育工作，赋予其统一管理省级青少年体育竞赛的职能。各市组建由市教育局和体育局联合的青少年体育工作委员会，统筹管理各市的青少年体育工作，赋予其统一管理市级青少年体育竞赛的职能。远期目标：可进一步调整国家体育总局的职能，将青少年体育工作统一到教育部门，国家体育总局的主要职能为统筹管理各类职业体育竞赛。

各机构的主要职责具体如下。

国家青少年体育工作委员会：把握我国高校体育竞赛的总体发展方向，针对竞赛管理问题进行立法，建立并制订全国高校校际体育竞赛管理规章制度和年度大学生校际体育竞赛计划。其下设的竞赛组织委员会成立竞技体育和娱乐体育竞赛组织部门，其中竞技体育竞赛组织部门下设甲乙丙丁四级组织部门，负责组织开展全国甲乙丙丁四级大学生单项体育竞赛、单项品牌体育赛事的冬夏令营活动，娱乐体育竞赛组织部门下设俱乐部竞赛和社会公益体育组织部门，分别负责组织开展全国高校体育俱乐部竞赛、社会公益冬夏令营体育竞赛。每年至少召开一次各级别负责人、管理人会议。

省青少年体育工作委员会：省级青少年体育工作委员会是国家青少年体育工作委员会的下属机构，遵循全国高校校际体育竞赛管理规章制度和相关

法规，并结合各省大学生体育竞赛发展的实际情况制定相适应的竞赛管理规章制度。根据全国青少年体育工作委员会制定的年度大学生校际体育竞赛计划，其下设的竞赛组织委员会同样成立竞技体育和娱乐体育竞赛组织部门，其中竞技体育竞赛组织部门同样下设甲乙丙丁四级组织部门，负责组织开展省甲乙丙丁四级大学生单项体育竞赛，娱乐体育竞赛组织部门同样下设俱乐部竞赛和社会公益体育组织部门，分别负责组织开展省级高校体育俱乐部竞赛、社会公益冬夏令营体育竞赛。

市青少年体育工作委员会：市级青少年体育工作委员会是省级青少年体育工作委员会的下属机构，遵循全国高校校际体育竞赛管理规章制度和相关法规，并结合各市大学生体育竞赛发展的实际情况制定相适应的竞赛管理规章制度。根据全国青少年体育工作委员会制订的年度大学生校际体育竞赛计划，其下设的竞赛组织委员会同样成立竞技体育和娱乐体育竞赛组织部门，其中竞技体育竞赛组织部门同样下设甲乙丙丁四级组织部门，负责组织开展市甲乙丙丁四级大学生单项体育竞赛，娱乐体育竞赛组织部门同样下设俱乐部竞赛和社会公益体育组织部门，分别负责组织开展市级高校体育俱乐部竞赛、社会公益冬夏令营体育竞赛。

二、高校校内体育竞赛组织结构体系

首先，各高校校内的体育竞赛相关工作由相应的副校长进行统筹管理。其次，各高校校内成立高校体育竞赛组委会，由校社联、各院系体育竞赛部、学生会体育部、体育教学部门四大内部机构构成，职责是制订并建立校内年度体育竞赛计划和管理规章制度，并对各组织机构开展的体育竞赛进行监督与指导。再次，由校社联负责各体育社团开展的体育竞赛；体育竞赛部负责班级、年级、院级、校级体育竞赛；学生会体育部负责根据不同节假日组织全校学生趣味体育竞赛。最后，由体育教学部门负责组织和管理教学体育竞赛。指定数个体育竞赛部教练员指导体育社团、学生会体育部开展体育竞赛。

第四节　高校体育竞赛规章制度体系构建

一、评价督导制度

（一）针对全体高校学生的评价督导制度

应明确规定将各高校学生每学期课余时间的参赛次数和参赛表现（参赛中的意志品质表现、有几次作为参赛主力队员及表现等）计入每学期体育考评成绩中的平时成绩部分，作为体育成绩考评的必须项，其所占体育考评成绩的比例不得低于50％。

（二）针对高校体育竞赛工作者的评价督导制度

各高校制定针对全体高校体育竞赛工作者的评价督导制度的第一个方面是：应明确规定将各高校体育竞赛工作者年度组织开展和指导体育竞赛的次数和质量都计入教师年度绩效考评中，并与体育竞赛工作者个人的评奖、评职称直接挂钩；第二个方面是：各高校应明确规定由高校体育教师以体育竞赛的形式考评学生相应阶段的综合学习情况，期中考试由高校体育教师根据学生已学的内容以体育竞赛的形式进行考评，期末考试由高校体育教师根据本学期的综合学习情况以体育竞赛的形式进行考评，具体考评内容应包括学生表现出来的意志品质、掌握技能和运用技战术的情况等。

（三）针对各省市高校的评价督导制度

应明确规定高校年度参加不同类别项目校际体育竞赛及参赛次数、开展不同类别项目校内体育竞赛及开展次数、开展校际体育竞赛次数等都由各省市教育厅进行年度评价并于统一的时间反馈给各高校，且这部分评价作为评价高校综合能力的其中一项，也将其作为评价各高校主管领导年度工作表现的直接因素之一。

二、激励奖惩制度

（一）针对全体高校学生的激励奖惩制度

各高校应建立完善的针对高校学生积极参赛的奖学金制度、学生个人档案制度、奖励交流制度等方面的激励奖惩制度，应明确规定：第一，凡高校学生组织或参加体育竞赛表现优秀的获取年度体育竞赛优秀组织者或体育明星的奖学金，并将这些表现优秀的和从不参赛的记录都计入高校学生个人档案中。第二，各高校根据自身真实的财力情况奖励各类高校校内、校际体育竞赛中表现突出的普通高校学生，如在寒暑假期间参加校际冬夏令营交流体育竞赛及相关活动。

（二）针对高校体育竞赛工作者的激励奖惩制度

各高校应建立健全的针对高校体育竞赛工作者的补贴制度、培训交流制度、惩罚制度等方面的激励奖惩制度，各高校应明确规定：高校体育竞赛工作者开展和指导体育竞赛方面的工作都计入工作量中，工作表现突出、对推动高校体育竞赛开展有突出贡献的给予培训、交流机会和补贴，而对于工作不到位的相关工作者，则减扣部分年终奖并与评奖、评职称直接挂钩。

第五节　高校体育赛事系统体系构建

一、高校校内体育赛事系统体系构建

（一）体育课堂考核竞赛

每学期体育课期中、期末考试内容主要根据所学项目的特点和进度进行合理安排，考试形式以 1VS1 或 2VS2 或 3VS3 等形式进行，考试分值根据比赛中学生的技能运用、意志品德表现、比赛结果等进行综合评分。

（二）课余体育竞赛

课余体育竞赛主要有校内体育俱乐部竞赛、校园趣味体育竞赛（由学生会体育部负责组织开展）。这两类体育竞赛主要由高校学生利用课余时间负责组织开展，参赛对象分别为体育俱乐部学生会员和全体高校学生，竞赛项目根据各体育俱乐部项目、当下趣味性且参赛人数多的项目进行设置；由各高校负责相应部分体育竞赛的体育教师对开展情况、参赛学生进行专业指导，同时负责组织开展体育竞赛的高校学生将开展情况及时总结汇报给相应的体育教师，再由体育教师针对学生反馈的情况进行部门内部的探讨并给出

相应的对策与指导，通过双向交流的方式加强学生和教师之间的互动并形成紧密联系。

（三）学校单项体育竞赛

学校单项体育竞赛主要由各院系体育竞赛部学生负责组织开展，并由相应的体育竞赛负责教师对组织开展情况和参赛学生进行交流与指导。参赛对象为全体高校学生；体育竞赛项目首先围绕篮球、足球、排球、武术、游泳、乒乓球、健美操（或街舞）至少1项具有当地特色的民族传统体育项目开展，再以每学期或每学年为单位、根据学生的实际兴趣需求增设或取代开展项目；竞赛形式为班级→年级→院级→校级层层递进的校园单项体育竞赛形式，班级单项体育竞赛中获第一名的队伍能够参加年级校园单项体育竞赛，获年级前三名的进入院级单项体育竞赛，获院级前三名的进入校级单项体育竞赛，最终决出各单项体育竞赛项目校园最强的三支代表队，各校体育运动队队员可以从最强代表队中挑选，以组建最优化各体育项目校运动队。赛制以采取联赛赛制为主，但要根据各体育竞赛项目特点、以利于学生参赛次数多的角度采取相应赛制。

（四）学校运动会

学校运动会由校内组建的体育竞赛组委会及学校其他部门共同举办。竞赛项目应分为传统竞技项目和民族趣味项目，各竞赛项目面向全体高校学生；传统竞技项目以开设跑、跳、投三大类为主，每一类竞赛项目除了竞技性竞赛形式还可以适当增添以班级、年级、专业为参赛代表、参与人数较多的接力竞赛形式，以重在参与、体会乐趣为目的。管理各高校的上级部门应监督并指导高校运动会的开展，尤其在创新竞赛形式、参与人数方面进行严格管理；民族趣味项目结合各地民族传统特色和各高校体育文化特色，由全校师生共同开发创设，且考虑创设的竞赛项目是具有参赛人数多、需要参赛者共同团结努力，并带有丰富趣味性、健身性和一定竞技性特点的项目。校运会的筹备组织人员和裁判员可以在进行培训的情况下适当地融入更多的高校学生，尽可能多地锻炼高校学生的领导、组织和管理能力。

二、高校校际体育赛事系统体系构建

（一）甲乙丙丁四级校际体育竞赛体系

该类校际体育竞赛融入体育系统适龄学生，并根据各高校综合水平分成甲、乙、丙、丁四级，甲级参赛对象为体育系统适龄学生；乙级参赛对象为重点研究型高校学生；丙级参赛对象为普通本科院校学生；丁级参赛对象为高职专科院校学生。采取升降级制度，甲乙丙丁各级别内的高校每年的参赛表现由省体育工作委员会进行评价，参赛表现与同级别高校差距较大的则应降一级，参赛表现在同级别高校中突出的则应升一级。

市甲乙丙丁四级大学生单项体育竞赛：根据国家青少年体育委员会制定的年度竞赛计划，在周末和小长假期间由市青少年体育工作委员会下设的专项委员会——竞赛组织委员会竞技体育组织部门负责开展本市范围内的甲乙丙丁四级大学生单项体育赛。该级别单项体育竞赛的主要目的：一是增加较近区域内相同水平高校间的体育竞赛交流机会，让各高校运动队学生得到更加充足的体育竞赛机会，以此促进高校学生竞技能力的提升、促进学生的全面健康发展；二是采取积分制的方式，通过该级别体育竞赛选拔出各市各体育竞赛项目积分前 3 名（根据实际会员高校数量设置参赛代表队伍数量）会员高校代表队参加省级甲乙丙丁大学生单项体育竞赛。

省甲乙丙丁四级大学生单项体育竞赛：利用寒暑假期间，由省青少年体育工作委员会下设的专项委员会——竞赛组织委员会竞技体育组织部门具体负责开展省甲乙丙丁四级大学生单项体育竞赛，主要目的是检验各市甲乙丙丁四级高校体育竞赛发展情况，加强各地市级高校在体育竞赛方面的交流与发展，并选拔出各级各体育竞赛项目前 6 名高校代表队，代表各省参加全国甲乙丙丁四级大学生单项体育竞赛。

全国甲乙丙丁四级大学生单项体育竞赛：充分利用寒暑假这一较长的假期时间，由国家青少年体育工作委员会下设的专项委员会——竞赛组织委员会竞技体育部门负责具体开展全国甲乙丙丁四级大学生单项体育竞赛，主要目的是检验各省市高校体育竞赛的发展情况，促进各省市高校间体育竞赛的交流和发展，并最终选拔出各级别各体育竞赛项目前3强高校体育竞赛学生阵容，由前3强阵容代表国家参加各类国际性大学生体育竞赛（主要包括世界大学生运动会、世界大学生单项锦标赛）。

（二）高校俱乐部校际体育竞赛体系

该类高校体育竞赛主要目的是丰富拓展全体普通高校学生参加自己感兴趣的体育竞赛项目的机会，有更多体验体育竞赛乐趣和感受的经历，培养高校学生参加体育竞赛的兴趣，以此促进高校学生身心健康全面发展并形成终身体育价值观。

市高校俱乐部校际体育竞赛：该级别体育竞赛利用高校每学期周末及小长假在本市范围内组织开展，由市青少年体育工作委员会下设的专项委员会——竞赛组织委员会娱乐体育组织部门具体负责开展，最初设立 20 个体育俱乐部项目竞赛活动，随着高校俱乐部的不断发展进行及时更换或新增项目（省、全国高校体育俱乐部竞赛与此说明相同）。在每学期结束之时，对本市各高校体育俱乐部的发展情况进行综合评价，评价内容主要包括参加竞赛的俱乐部数量、参赛学生人数、参赛表现等，根据排名情况分配各高校参加省高校体育俱乐部竞赛的俱乐部数量。

省高校俱乐部校际体育竞赛：该级别体育竞赛利用寒暑假在本省范围内组织开展，由省青少年体育工作委员会下设的专项委员会——竞赛组织委员会娱乐体育组织部门具体负责开展。并根据参赛表现选出 20 个体育俱乐部项目的前3名高校代表队参加全国高校体育俱乐部竞赛。

全国高校俱乐部校际体育竞赛：该级别体育竞赛利用寒暑假在全国范围内组织开展，由国家青少年体育工作委员会下设的专项委员会——竞赛组织委员会娱乐体育组织部门具体负责开展。并最终根据参赛表现评选出 20 个体育俱乐部项目的全国最强的3支高校代表队。

（三）体育冬夏令营竞赛体系

此类冬夏令营体育竞赛主要目的是增加全体高校学生参加不同形式体育竞赛活动的机会，为促进学生的身心健康全面发展服务。

品牌体育赛事冬夏令营：此类冬夏令营赛事活动由全国竞技体育组织部门组织开展，参加对象为全国甲乙丙丁四级大学生体育竞赛的各级各单项体育竞赛项目的全明星队伍与国外高校学生全明星队伍、全国各高校俱乐部竞赛项目的全明星队伍与国外高校体育俱乐部全明星队伍，通过此类体育竞赛活动促进国内外高校学生之间的文化交流。

社会公益体育冬夏令营：这一类冬夏令营活动由国家、省市青少年体育工作委员会下设的社会公益竞赛组织部门负责联络相关的社会公益并组织开展体育竞赛活动，参加对象主要是各高校平日里参加或组织各类体育竞赛表现良好的普通高校学生，以此方式奖励这类学生并激发他们更积极地参与到体育竞赛中去。

社会购买体育冬夏令营：这一类冬夏令营活动面向任何有兴趣参加的高校学生，各符合高校准入标准的社会力量应以学生价出售此类体育赛事活动，以达到激发全体高校学生踊跃参加体育竞赛的目的。

第八章 结论与展望

第一节 研究结论总结及意义阐述

一、研究结论总结

通过对高校体育育人的理论基础与实践进行深入探讨，得出了以下重要结论。

首先，高校体育育人在理论基础方面，应坚持以马克思主义人的全面发展理论为指导，结合现代教育理念，构建具有中国特色的高校体育育人理论体系。这一理论体系应强调体育在促进学生身心健康、培养社会适应能力、塑造良好品格等方面的独特作用，为高校体育育人实践提供坚实的理论支撑。

其次，在实践层面，高校体育育人应关注学生的全面发展，注重培养学生的综合素质。通过丰富多样的体育课程和活动，激发学生的运动兴趣，提高学生的运动技能，培养学生的团队协作精神和竞争意识。同时，高校体育还应注重与德育、智育、美育等相结合，共同促进学生的全面发展。

再次，本研究还发现，高校体育育人在实施过程中面临着许多挑战，如教育理念落后、课程设置单一、教学方法陈旧、师资力量薄弱、场地设施不足等。针对这些问题，本研究提出了一系列具有针对性的改进策略和建议，如更新教育理念、优化课程设置、创新教学方法、加强师资队伍建设、改善场地设施条件等。

最后，本研究对高校体育育人的未来发展趋势进行了预测与展望。随着科技的进步和教育理念的不断更新，高校体育育人将朝着智能化、个性化、国际化的方向发展。未来高校体育将更加注重学生的个体差异和个性化需求，利用大数据、人工智能等现代技术手段为学生提供更加精准、高效的教学服务。同时，高校体育也将更加注重与国际接轨，引进国际先进的体育教育理念和方法，提高我国高校体育教育的国际影响力。

二、研究意义阐述

本研究具有重要的理论意义和实践价值。首先，在理论方面，本研究丰富了高校体育育人的理论体系，为高校体育教育改革提供了有力的理论支撑。通过深入剖析高校体育育人的内涵、特点和发展趋势，本研究揭示了体育在促进学生全面发展中的重要作用，为构建具有中国特色的高校体育育人模式提供了理论依据。

其次，在实践方面，本研究为高校体育教育改革提供了有益的参考和借鉴。针对当前高校体育教育中存在的问题和挑战，本研究提出了一系列切实可行的改进策略和建议，有助于推动高校体育教育的创新与发展。同时，本研究的成果还可以为政府和教育部门制定相关政策提供决策依据，为推动我国高校体育教育事业的发展贡献力量。

最后，本研究还具有广泛的社会意义。随着社会的快速发展和人民生活水平的不断提高，人们对健康的需求日益增长。高校体育作为培养学生健康生活方式和良好运动习惯的重要途径之一，其育人效果直接关系到学生的身心健康和未来发展。因此，本研究对提高高校体育育人质量、促进学生全面发展、培养担当民族复兴大任的时代新人具有重要意义。

综上所述，本研究不仅丰富了高校体育育人的理论体系和实践经验，还为推动高校体育教育改革和发展提供了有益的参考和借鉴。同时，本研究还具有广泛的社会意义和应用价值，对促进我国高校体育教育事业的发展和学生全面素质的提升具有重要意义。

第二节　对未来研究方向的展望与建议

本研究在深入剖析高校体育育人的理论基础与实践现状后，认为有必要对未来的研究方向进行展望，并提出相应的建议，以期推动高校体育育人事业的持续、健康、创新发展。

一、对未来研究方向的展望

（一）深化高校体育育人理论研究

未来应继续深化高校体育育人的理论研究，特别是结合背景和教育改革要求，对高校体育育人的目标、任务、内容、方法等进行系统梳理和创新。同时，加强体育学、教育学、心理学等多学科的交叉融合，构建更加完善的高校体育育人理论体系。

首先，高校体育育人的目标应当与时俱进。我们不仅要培养学生的体育技能和身体素质，更要注重培养学生的团队协作能力、沟通能力、创新精神和抗挫折能力等综合素质。这些能力对学生未来的职业发展和人生道路都具有重要意义。因此，高校体育育人的目标应更加多元化和全面化，以满足社会对人才多元化需求的变化。

其次，高校体育育人的任务也需要不断创新。除了传统的体育教学任务，还应注重体育活动的多样性和趣味性，以吸引更多学生参与到体育锻炼中来。同时，高校体育还应承担起培养学生健康生活方式和终身运动习惯的任务，让学生在大学期间养成良好的运动习惯，为未来的健康生活打下坚实的基础。

再次，在内容和方法上，高校体育育人也应进行系统梳理和创新。传统的体育教学内容和方法已经不能完全满足现代大学生的需求。因此，我们需要结合背景和教育改革要求，引入更多新颖、有趣、实用的体育教学内容和方法。例如，可以引入一些新兴的体育项目，如攀岩、滑板等，以激发学生的学习兴趣和热情。同时，还可以采用一些现代化的教学手段，如多媒体教学、网络教学等，提高教学效果和学习体验。

最后，加强体育学、教育学、心理学等多学科的交叉融合也是高校体育育人理论研究的重要方向。这种交叉融合不仅可以拓宽研究视野，还可以为高校体育育人提供更加全面和深入的理论支持。例如，教育学可以为高校体育育人提供教育心理学、教育评价等方面的理论支持；心理学则可以为高校体育育人提供个性发展、心理健康等方面的理论支持。这种交叉融合将有助于构建更加完善的高校体育育人理论体系。

（二）拓展高校体育育人实践领域

在实践方面，未来研究应关注高校体育育人的多元化实践模式，如线上线下相结合的混合教学模式、社区体育服务模式等。同时，积极拓展高校体育育人的实践领域，如将体育育人理念融入校园文化建设、学生社团活动等，实现体育育人的全方位、全过程渗透。

一方面，线上线下相结合的混合教学模式将成为未来高校体育育人的重要发展方向。线上教学可以利用现代信息技术手段，如网络平台、移动应用等，为学生提供自主学习、互动交流的空间。线下教学则可以借助校园内的体育场馆、设施等资源，开展实践教学、技能训练等活动。通过线上线下相结合的方式，不仅可以突破传统课堂教学的时间和空间限制，还可以根据学生的个性化需求，提供更加灵活多样的学习路径。

另一方面，社区体育服务模式也是高校体育育人的重要实践领域。高校可以与周边社区建立合作关系，将体育资源向社区延伸，为社区居民提供体育健身、健康咨询等服务。同时，学生也可以参与到社区服务中，将所学的体育知识和技能应用到实践中，实现学以致用。这样的实践模式不仅可以增强学生的社会责任感，还可以培养他们的实践能力和创新精神。

此外，高校还应将体育育人理念融入校园文化建设和学生社团活动。校园文化是高校的灵魂，而体育活动则是校园文化的重要组成部分。通过组织各种形式的体育比赛、健身活动、体育讲座等，可以营造积极向上的校园体育氛围，增强学生的体育意识和健康素养。同时，学生社团也是体育育人的重要阵地。学生可以通过参加各类体育社团，发展自己的兴趣爱好，提升自己的体育技能，增强团队协作能力和社会交往能力。

（三）关注高校体育育人国际化发展

随着全球化的深入发展，高校体育育人的国际化趋势日益明显。未来研究应关注国际先进的体育教育理念和方法，加强与国际高校的合作与交流，共同推动高校体育育人的创新与发展。同时，注重培养具有国际视野和跨文化交流能力的高素质体育人才。

1. 体育课程与国际接轨

随着国际交流的增多，高校体育课程逐渐与国际接轨。越来越多的高校开始引进国际先进的体育课程，如国际篮球、国际足球等，以提高学生的体育技能和国际竞争力。同时，高校还积极与国际体育组织合作，共同开展具有国际特色的体育活动，为学生提供更多元化的体育体验。

2. 师资队伍的国际化

高校体育育人的国际化趋势也体现在师资队伍的国际化上。越来越多的高校开始引进海外优秀的体育教师和教练，他们的到来为高校体育带来了新的理念和方法。同时，高校还鼓励教师参与国际学术交流，提升教师的学术水平和国际视野。

3. 学生交流的国际化

学生交流的国际化是高校体育育人国际化的重要体现。通过参与国际体育比赛、文化交流活动等，学生可以拓宽视野、增长见识，提升跨文化交流能力。高校应积极与国际高校建立合作关系，为学生提供更多的国际交流机会，培养具有国际视野的高素质体育人才。

（四）强化高校体育育人评价体系研究

评价是检验高校体育育人效果的重要手段。未来研究应进一步完善高校体育育人的评价体系，注重过程性评价和结果性评价相结合，定量评价和定性评价相结合。同时，引入现代科技手段，如大数据、人工智能等，提高评价的客观性和准确性。

在完善评价体系方面，我们应当注重过程性评价与结果性评价的有机结合。过程性评价关注的是学生在学习过程中的表现与成长，如学习态度、参与程度、合作精神等，这种评价方式有助于发现学生的潜能和特长，为他们提供个性化的教学指导。而结果性评价则侧重于对学生学习成果的评价，如体育技能掌握程度、体质健康水平等，这种评价方式能够客观地反映学生的学习成效。通过将两种评价方式相结合，我们可以更全面地了解学生的学习状况，为改进教学方法提供有力支持。

同时，定量评价与定性评价的结合也是完善评价体系的关键。定量评价通过数据化指标来衡量学生的学习成果，具有客观性和可比较性。而定性评价则侧重于对学生的学习过程、体验、感受等进行深入分析和描述，有助于揭示学生内心的变化与成长。通过综合运用定量评价与定性评价，我们可以更准确地把握学生的学习状况，为教学改进提供有力依据。

此外，引入现代科技手段，如大数据、人工智能等，对提高评价的客观性和准确性具有重要意义。大数据技术可以帮助我们收集和分析大量的学生数据，从而更全面地了解学生的学习状况和成长轨迹。人工智能技术则可以通过智能算法对学生的学习数据进行挖掘和分析，为我们提供更准确、更个性化的评价建议。通过运用这些现代科技手段，我们可以更加科学地评价学生的体育学习效果，为高校体育育人的发展提供有力支持。

二、对未来研究的建议

（一）加强政策引导与支持

政府和教育部门应加强对高校体育育人研究的政策引导与支持，制定相关政策和措施，鼓励和支持高校开展体育育人研究与实践。同时，加大对高校体育设施建设的投入力度，为高校体育育人提供良好的物质保障。

首先，政府和教育部门应充分认识到高校体育育人的重要性。体育不仅是锻炼身体、增强体质的重要手段，还是培养学生团队协作、竞争意识、拼搏精神等综合素质的重要途径。因此，政府和教育部门应加强对高校体育育人研究的政策引导，制定相关政策和措施，鼓励和支持高校开展体育育人研究与实践。例如，可以设立专项基金，用于资助高校开展体育育人研究项目；同时，还可以举办相关学术研讨会，促进高校之间的交流与合作，共同推动体育育人研究的发展。

其次，政府和教育部门应加大对高校体育设施建设的投入力度。良好的体育设施是高校开展体育育人的基础条件。然而，目前部分高校在体育设施建设方面仍存在短板，如场地不足、设施陈旧等。因此，政府和教育部门应加大对高校体育设施建设的投入力度，提高体育设施的水平和数量，为高校体育育人提供良好的物质保障。同时，还可以引导高校与企业、社会团体等合作，共同推动体育设施的建设与发展。

再次，高校自身也应积极参与到体育育人的研究中来。高校拥有丰富的教育资源和研究力量，应充分利用这些优势，开展具有针对性的体育育人研究。例如，可以针对不同专业、不同年级的学生，开展不同类型的体育教学活动，以更好地满足学生的个性化需求。同时，高校还可以加强与中小学的衔接，共同构建完善的体育育人体系，为学生的全面发展提供有力支持。

最后，社会各界也应积极参与到高校体育育人的发展中来。企业、社会团体等可以通过捐赠、赞助等方式，支持高校体育设施的建设和体育育人研究的开展。同时，媒体也可以加大对高校体育育人的宣传力度，提高全社会对体育育人的认识和重视程度。

（二）强化研究团队建设与人才培养

高校应重视体育育人研究团队的建设和人才培养工作，积极引进优秀人才，加强校内外合作与交流。同时，注重青年教师的培养和发展，为他们提供良好的成长环境和发展空间。通过团队建设与人才培养的强化，推动高校体育育人研究的深入发展。

首先，高校应充分认识到体育育人研究团队建设的重要性。体育育人不仅是培养学生身心健康的重要途径，也是塑造学生品格、增强学生社会适应能力的重要手段。因此，高校应加强对体育育人研究团队的投入，打造一支高素质、专业化的研究队伍，为体育育人事业的深入发展提供有力支撑。

其次，高校应积极引进优秀人才，优化研究团队结构。高校要广泛吸引国内外体育领域的杰出人才，特别是那些具有丰富实践经验和创新精神的学者和专家。同时，要注重人才的梯队建设，积极培养后备力量，为团队的可持续发展提供源源不断的动力。

再次，高校还应加强校内外合作与交流，拓宽研究视野。通过与国内外高水平研究机构的合作，可以共享优质资源，借鉴先进经验，提升研究团队的整体实力。同时，要加强与中小学、社区等基层单位的联系，深入了解体育育人的实际需求，使研究成果更加贴近实际、更具指导意义。

从次，在团队建设的过程中，高校还应注重青年教师的培养和发展。青年教师是团队的新鲜血液和生力军，他们的成长和发展对团队的未来至关重要。高校应为青年教师提供良好的成长环境和发展空间，如提供科研经费、搭建研究平台、组织培训交流等，帮助他们快速成长，为团队的发展贡献力量。

最后，通过团队建设与人才培养的强化，高校可以推动体育育人研究的深入发展。在优秀人才的引领下，团队可以不断探索新的研究领域和方法，提高研究质量和水平。同时，通过加强校内外合作与交流，可以拓宽研究视野，推动体育育人研究的创新和发展。

（三）注重实证研究与成果转化

未来的研究在探索体育育人的过程中应更加注重实证研究方法的应用。这是因为，只有通过深入实地调查、精心设计实验等方式，我们才能收集到真实可靠的第一手资料，从而确保研究结果的客观性和准确性。实证研究方法的使用不仅有助于我们更全面地理解体育育人的本质和规律，还能为高校体育教育的改革和发展提供有力的支撑和指导。

实证研究方法的核心在于其科学性和系统性。通过实地调查，我们可以深入了解高校体育教育的实际情况，发现存在的问题和矛盾，探索有效的解决策略。同时，实验研究则能够帮助我们验证理论假设的有效性，揭示体育育人过程中的因果关系，为理论建设提供坚实的证据。

此外，未来的研究还应加强成果的转化和应用工作。只有将理论研究成果转化为实践应用成果，才能真正发挥出研究的价值。这要求我们在研究过程中，不仅要有前瞻性的理论构想，还要具备将理论转化为实践的能力。通过与实际教育工作的紧密结合，我们可以将研究成果应用到高校体育育人的实践中，为体育教育的改革和创新提供有益的借鉴和启示。

（四）创新研究视角与方法

面对高校体育育人的复杂性和多样性特点，未来研究应创新研究视角和方法。可以从多学科交叉融合的角度出发，运用跨学科的研究方法和技术手段来探讨高校体育育人的新问题和新挑战。同时，注重定性研究与定量研究的结合运用，提高研究的科学性和严谨性。

首先，多学科交叉融合的研究视角对高校体育育人的研究至关重要。体育育人不仅是体育学科自身的任务，还涉及教育学、心理学、社会学等多个学科领域。因此，未来的研究应该打破学科壁垒，促进多学科之间的交流和合作，共同探索体育育人的新路径。例如，教育学可以为体育育人提供理论支撑，心理学可以揭示体育育人过程中的心理机制，社会学则可以分析体育育人与社会环境的关系。通过多学科交叉融合的研究，我们可以更全面、深入地理解高校体育育人的内涵和外延，为实践提供更加科学的指导。

其次，运用跨学科的研究方法和技术手段是未来研究的重要方向。传统的体育育人研究往往局限于体育学科内部，缺乏对其他学科的研究方法及技术手段的借鉴和应用。然而，随着科学技术的不断进步和其他学科的不断发展，越来越多的跨学科研究方法和技术手段可以为体育育人研究所用。例如，大数据分析技术可以帮助我们全面、准确地了解高校体育育人的现状和问题，虚拟现实技术则可以模拟真实的体育场景，为学生提供更加身临其境的体育学习体验。通过运用这些跨学科的研究方法和技术手段，我们可以更加深入地挖掘高校体育育人的内在规律和潜在价值。

最后，注重定性研究与定量研究的结合运用也是提高研究科学性和严谨性的关键。定性研究可以深入挖掘体育育人的本质特征和内在逻辑，而定量研究则可以通过数据分析和统计方法来验证和量化研究结果。只有将两者相结合，才能形成更加全面、客观、准确的研究结论。例如，在研究高校体育育人的效果时，我们可以采用问卷调查、访谈等定性研究方法了解学生的主观感受和体验，同时结合体能测试、技能评估等定量研究方法客观地评价学生的身体素质和运动技能水平。通过这种综合性的研究方法，我们可以更加科学地评估高校体育育人的效果，为改进和提升教育质量提供有力支持。

高校体育育人事业任重而道远。通过对未来研究方向的展望与建议的提出，期望能够推动高校体育育人研究的不断深入和实践的不断创新。相信在政府、教育部门及广大教育工作者的共同努力下，高校体育育人事业将迎来更加光明的发展。

第三节　对高校体育育人的期望与祝愿

高校体育育人被赋予了新的历史使命和时代责任。作为培养德智体美劳全面发展的社会主义建设者和接班人的重要阵地，高校体育育人在促进学生身心健康、塑造良好品格、培养社会适应能力等方面发挥着不可替代的作用。在此，笔者对高校体育育人寄予厚望，并衷心祝愿其能够取得更加辉煌的成就。

一、对高校体育育人的期望

（一）期望高校体育育人成为立德树人的重要载体

高校作为培养未来社会栋梁的重要基地，承担着立德树人的使命。体育育人作为高校教育的重要组成部分，发挥着不可或缺的作用。高校体育育人不仅关注学生的身体健康，更注重通过体育活动培养学生的品德修养，实现德育与体育的有机结合。

首先，高校体育育人应当充分利用体育活动的特点，将德育贯穿体育教育的全过程。在体育课堂上，教师可以通过比赛、游戏等形式，培养学生的竞争意识和团队协作精神。在集体项目中，学生需要相互支持、密切配合，才能取得优异的成绩。这种团队合作的经历不仅能让学生体验到成功的喜悦，还能让他们在这个过程中学会沟通、理解和包容，培养学生的集体荣誉感和社会责任感。

其次，高校体育育人还应注重培养学生的爱国情怀。在体育赛事中，学生常常需要面对国旗、国歌等具有象征意义的元素，这些元素能够激发学生的民族自豪感和爱国情感。此外，高校还可以通过组织观看重大国际赛事、举办爱国主题体育活动等方式，让学生在参与中感受到国家的强大和民族的尊严，从而增强他们的爱国意识。

最后，高校体育育人还承担着引导学生树立正确的世界观、人生观和价值观的重要任务。在体育活动中，学生需要面对成功与失败、顺境与逆境等各种情境，这些经历能够让他们更深入地认识自己、了解社会。教师可以通过对这些情境的分析和引导，帮助学生树立正确的价值观，让他们在面对挫折和困难时能够保持积极向上的心态，勇敢地面对人生的挑战。

（二）期望高校体育育人促进学生身心健康全面发展

在追求学生全面发展的过程中，身心健康无疑扮演着至关重要的角色。它不仅是学生个体成长的基石，还是他们未来学习、工作和生活的重要保障。因此，高校体育育人工作必须关注学生的身心健康，通过科学合理的体育锻炼和心理健康教育，全面提升学生的身体素质和心理素质。

首先，科学合理的体育锻炼对学生的身体健康至关重要。高校应当制订合理的体育课程计划，确保学生有足够的体育锻炼时间和强度。通过定期的体育训练，学生能够增强肌肉力量、提高心肺功能、改善身体素质，从而提高抗病能力。此外，体育锻炼还有助于培养学生的团队协作精神和竞争意识，为未来的社会生活打下良好的基础。

其次，心理健康教育同样不容忽视。高校应重视学生的心理健康，开设心理健康教育课程，普及心理健康知识，帮助学生建立正确的心理健康观念。同时，高校还应建立心理辅导机制，为学生提供个性化的心理咨询服务，帮助他们解决学习和生活中遇到的心理问题。通过心理健康教育，学生可以增强心理承受能力，提高自我调节能力，从而更好地适应社会压力和各种挑战。

最后，高校体育育人还应关注学生的社会适应能力。通过组织各类体育比赛和活动，让学生在参与过程中锻炼团队协作能力、沟通能力和领导能力。这些能力对学生未来的工作和生活都具有重要意义。同时，高校还应加强与社会的联系，为学生提供更多的实践机会，帮助他们更好地适应社会环境。

（三）期望高校体育育人推动校园体育文化建设

校园体育文化是高校校园文化的重要组成部分。我们期望高校体育育人能够积极推动校园体育文化建设，通过举办各种体育赛事、开展体育文化交流活动等方式，营造浓厚的校园体育氛围，让学生在参与体育活动的过程中感受到体育的魅力和乐趣，从而更加热爱体育、积极参与体育活动。

首先，举办各种体育赛事是推动校园体育文化建设的重要手段。高校可以组织各类体育比赛，如足球赛、篮球赛、田径赛等，鼓励学生积极参与。这些比赛不仅能够提高学生的运动水平，还能够培养他们的团队协作能力和竞争意识。同时，比赛过程中的紧张刺激和团队合作的精神也会让学生更加热爱体育，积极参与体育活动。

其次，开展体育文化交流活动也是促进校园体育文化建设的重要途径。高校可以邀请体育界的专家、学者开展讲座，让学生了解更多的体育知识和文化。此外，高校还可以组织各类体育文化交流活动，如体育摄影展、体育主题征文比赛等，让学生在参与这些活动的过程中感受到体育文化的魅力。

最后，高校还应当注重营造良好的校园体育氛围。可以通过在校园内建设更多的体育设施、提高体育设施的利用率等方式，为学生提供更多的运动场所和机会。同时，高校还可以通过举办各种体育节、运动会等活动，让全校师生共同参与，共同感受体育的魅力和乐趣。

（四）期望高校体育育人培养出具有国际视野的体育人才

随着全球化的深入发展，国际交流与合作日益频繁。我们期望高校体育育人能够紧跟时代步伐，加强与国际先进体育教育理念和方法的交流与合作，培养出具有国际视野和跨文化交流能力的体育人才，为我国体育事业的发展和国际体育交流做出积极贡献。

首先，高校体育应加强与国际知名体育院校的合作，共同开展学术研究、课程设置、师资培训等方面的合作与交流。通过引进国外先进的体育教育资源，可以丰富我国体育教育的内涵，提升我国体育教育的国际竞争力。同时，通过与国际知名体育院校的合作，可以吸引更多优秀的外籍教师和学生来华学习交流，进一步推动我国体育教育的国际化进程。

其次，高校体育应重视培养具有国际视野和跨文化交流能力的体育人才。在课程设置上，应增加与国际接轨的体育课程内容，如国际体育规则、国际赛事组织与管理等。在实践教学环节，应组织学生参与国际体育赛事、文化交流活动等，以增强学生的跨文化交流能力。同时，高校体育还应加强与国际体育组织的合作，为学生提供更多的国际实习和实践机会。

最后，高校体育应积极参与国际体育交流，展示我国体育教育的成果和特色。通过参与国际体育交流活动，可以展示我国体育教育的水平和实力，增强我国体育教育的国际影响力。同时，通过与国际同行的交流与学习，可以及时了解国际体育教育的最新动态和发展趋势，为我国体育教育的改革与发展提供有益借鉴。

二、对高校体育育人的祝愿

（一）祝愿高校体育育人事业蒸蒸日上

祝愿高校体育育人事业能够蒸蒸日上，不断取得新的突破和成就。愿广大高校体育教育工作者能够秉承立德树人的根本任务，不断创新教育理念和方法，为培养出更多优秀的体育人才而努力奋斗。

（二）祝愿高校体育设施日益完善

良好的体育设施是高校体育育人的重要保障。祝愿高校体育设施能够日益完善，为广大学生提供更加优质、便捷的体育锻炼条件。愿政府和社会各界能够加大对高校体育设施建设的投入力度，共同推动高校体育事业的持续发展。

（三）祝愿高校体育赛事精彩纷呈

体育赛事是高校体育育人的重要载体之一。祝愿高校体育赛事能够精彩纷呈，吸引更多学生参与其中。愿广大高校能够积极举办各种体育赛事，为学生提供展示自我、锻炼自我的平台，让学生在比赛中收获成长和乐趣。

（四）祝愿高校体育育人成果丰硕

祝愿高校体育育人能够取得丰硕的成果。愿广大高校体育教育工作者能够辛勤耕耘、无私奉献，为培养德智体美劳全面发展的社会主义建设者和接班人贡献自己的力量。愿高校体育育人事业能够结出累累硕果，为推动我国体育事业的发展和国际体育交流做出更加积极的贡献。

笔者对高校体育育人寄予厚望，并衷心祝愿其能够取得更加辉煌的成就。让我们携手共进，为推动高校体育育人事业的持续、健康、创新发展而共同努力奋斗！

第四节　本章小结

在深入探讨了高校体育育人的理论基础与实践之后，本章得出了一系列重要结论，并对未来的发展方向进行了展望。研究发现，高校体育育人在促进学生全面发展、培养学生的社会适应能力及塑造学生的良好品格等方面具有不可替代的作用。它不仅是立德树人的重要载体，更是推动校园体育文化建设、培养具有国际视野的体育人才的关键力量。同时，高校体育育人也面临着许多挑战，如教育理念落后、课程设置单一、教学方法陈旧等问题亟待解决。展望未来，高校体育育人应继续深化理论研究，拓展实践领域，强化国际化发展，并注重评价体系的完善。笔者坚信，在政府、教育部门及广大教育工作者的共同努力下，高校体育育人事业必将迎来更加美好的明天，为培养德智体美劳全面发展的社会主义建设者和接班人贡献更大的力量。这一章不仅总结了全书的核心观点和研究成果，还为未来的高校体育育人工作提供了宝贵的参考和借鉴，具有重要的理论和实践意义。

然而，这仅仅是一个开始。高校体育育人工作任重而道远，需要我们不断探索、创新和实践。我们必须坚持以学生为中心的教育理念，关注学生的全面发展和个性化需求，注重培养学生的创新精神和实践能力。同时，我们还应加强师资队伍建设，提高教师的专业素养和教育教学能力，为高校体育育人工作提供有力的人才保障。此外，我们还应加强与社会各界的合作与交流，共同推动高校体育育人事业的持续、健康、创新发展。

在未来的日子里，笔者将继续关注高校体育育人的发展动态和实践成果，为推动我国高校体育教育事业的发展贡献自己的力量。笔者期待看到更多的高校能够充分发挥体育育人的独特优势，培养出更多具有爱国情怀、集体荣誉感、团队协作精神等优秀品质的社会主义建设者和接班人。同时，笔者也期待看到更多的教育工作者能够积极地投身于高校体育育人事业中，用自己的智慧和汗水为培养德智体美劳全面发展的青年贡献自己的力量。

总之，本研究为我们指明了高校体育育人的发展方向和奋斗目标。

参考文献

［1］魏云贵，谭明义.学校体育的育人功能与优势［J］.上海体育学院学报，2001（S1）：198-199.

［2］许宜扬，谢陶.体育教学中"育人"的方法与途径［J］.上海体育学院学报，1997（2）：92-94.

［3］陈兵.体育教学中隐性育人功能刍议［J］.中国成人教育，2009（13）：143-144.

［4］崔伟.体育课程论［M］.郑州：黄河水利出版社，2005.

［5］冯刚，陈飞.新时代高校体育的育人蕴涵与实现路径［J］.中国高等教育，2020（12）：25-27.

［6］朱桂林，何志林.我国高校竞技体育竞赛体系的理论探索［J］.上海体育学院学报，2008，146（1）：91-94.

［7］李威.北京市初中校园篮球赛事体系构建研究［D］.北京：首都体育学院，2018.

［8］薛明.长沙市青少年校园足球竞赛体系构建研究［D］.湖南：湖南师范大学，2014.

［9］齐栋，李桂娟.论健康第一思想与学校体育育人功能［J］.北京体育师范学院学报，1999（4）：44-48.

［10］王文则.小小数字马虎不得［J］.浙江统计，1998（6）：35-36.

［11］何盛.试论"文化育人"教育理念与我国当代大学体育"文化本位"思想［J］.吉林体育学院学报，2009，25（4）：3-4；143.

［12］段保国.在体育教学中渗透德育的策略［J］.教育理论与实践，2011，31（29）：63-64.

［13］秦海生. 电视体育娱乐闯关节目研究［J］. 体育文化导刊，2013（4）：149-153.

［14］王彤. 新时期高校体育教学的德育价值及实现［J］. 中国成人教育，2012（17）：123-124.

［15］徐山. 塑造身体德性：学校体育的德育使命［J］. 教学与管理，2014（33）：120-122.

［16］王勇. 思想品德教育在高职院校体育教学中的体现与作用［J］. 教育与职业，2015（12）：58-60.

［17］孙辉. 高校体育进行德育渗透的理论问题探析［J］. 思想政治教育研究，2016，32（6）：114-117.

［18］彭蕾. 学校体育德育功能的实现［J］. 教学与管理，2016（21）：40-42.

［19］于朝阳，李思敏. 高校体育课程中加强德育的探究和实践［J］. 思想理论教育导刊，2016（5）：148-151.